做有思想的行动者

——教科研助力我专业成长的印记

段艳华　著

哈尔滨工程大学出版社

Harbin Engineering University Press

内 容 简 介

　　本书是作者在教书育人过程中积累的文字记录,是教科研过程中的部分教学成果,其内容包括对课标研读及学科教学、对高考试题的评价分析、对部分教学反思、对班级管理工作的记录及部分教育随笔。2017 年,国家颁布新的普通高中课程标准后,随之而来的是新教材的使用和高考改革,本书中关于课标研读及高考研究的内容主要是作者在教学过程中对这些问题的思考和探索。同时,对于教师专业发展而言,撰写教学反思是成长最快的途径之一,本书对如何撰写教学反思提供了一定的借鉴作用。本书中关于如何开展高中班主任工作的内容,充分体现了以人为本的教学理念;教学随笔部分展示了一名普通教师对教育教学工作的思考。

　　本书可作为刚入职的普通高中教师的培训材料,帮助教师学习如何提升自己的教科研水平,尽快站稳讲台。同时,书中案例也可用于指导中学阶段班主任,帮助班主任学习如何处理与学生的关系,提升班级管理水平。

图书在版编目(CIP)数据

　　做有思想的行动者 ——教科研助力我专业成长的印记/
段艳华著.—哈尔滨 : 哈尔滨工程大学出版社, 2022.8
　　ISBN 978-7-5661-3681-7

　　Ⅰ.①做… Ⅱ.①段… Ⅲ.①高中-教学研究 Ⅳ.
①G632.0

　　中国版本图书馆 CIP 数据核字(2022)第 166596 号

做有思想的行动者——教科研助力我专业成长的印记
ZUO YOUSIXIANG DE XINGDONGZHE—JIAOKEYAN ZHULI WO ZHUANYE CHENGZHANG
DE YINJI

选题策划　赵金春
责任编辑　张　彦　王晓西
封面设计　李海波

出版发行　哈尔滨工程大学出版社
社　　址　哈尔滨市南岗区南通大街 145 号
邮政编码　150001
发行电话　0451-82519328
传　　真　0451-82519699
经　　销　新华书店
印　　刷　哈尔滨午阳印刷有限公司
开　　本　787 mm×1 092 mm　1/16
印　　张　8.75
字　　数　203 千字
版　　次　2022 年 8 月第 1 版
印　　次　2022 年 8 月第 1 次印刷
定　　价　45.00 元
http://www.hrbeupress.com
E-mail:heupress@ hrbeu.edu.cn

序　言

做有思想的行动者

近年来的教育改革实践已使教育界达成共识,教育科研是促进学校改革与发展的关键,是提高教育质量的有效手段。为此,学校明确提出了"向教科研要效益、向教科研要质量、向教科研要成绩"的要求,并倡导学校教师积极思考、勤于钻研,"做有思想的行动者"。

首先,要做一名思考者。笛卡尔说:"我思故我在。"推动教育教学进步的第一步便是自我反思。子曰:"学而不思则罔。"其实,教而不思,也罔。在倡导终身学习的社会背景下,教师更要积极思考,做出表率。著名语文教育家、国家荣誉称号获得者于漪老师曾说:"一辈子做教师,一辈子学做教师。"于漪老师的经历告诉我们,教师需要不断充电,不断反思。而教育教学的反思应该是从教师反思自己的课堂开始。一堂课结束之后,教师应当反思备课是否充分,对学情是否真正了解,这堂课是否完成了预设目标,学生是否真正有所收获,自己的课堂语言是否精练、准确、到位,自己的教态是否合情合理,这堂课还有哪些可以提高的地方。当一名教师开始反思,也便开始了成长,当然这也是教科研的开始。教科研不应是高高在上的,而应立足于教师在教育教学中遇到的"真问题"。只有教科研真正解决了这些"真问题",才能够提升教师的专业品质,提高教师的教学能力,增添教师的职业幸福感,使教师获得教育教学的智慧。一名真正有思想、有智慧的教师才能培养出有思想、有智慧的学生。

其次,要做积极的行动者。思是行之纲,行是思之成。要想成为一名优秀的教师,仅有思考远远不够,还要把思考转化为行动。有了对教育教学的深入思考,教师就可以整合资源,搜集资料,关注学生,深耕课表,在"研"上下大力气。研究教材方能上下求索、左右勾连;研究教学设计方能化静为动、尺水兴波;研究课堂方能心里有光亮、课堂有光芒;研究高考方能应对有方、料题如神。教师可以尝试将自己的研究成果结合校情、学情,落实到教育教学的实践中去,创造性地去运用、改良、完善,然后循环往复,长此以往,最终达到"知行合一"的境界,成为一名有思想的行动者。

　　段艳华老师是北镇中学(简称北中)教师队伍中的普通一员,在工作上,他能够做到认真学习、匠心独运、苦心钻研、用心总结,并在完成教学任务的同时做了大量的读书笔记,进行了深入的教学反思和精彩的教学设计,创作了观点新颖的论文,我觉得他就是一名有思想的行动者,值得我们去学习。现在,他的作品集行将付梓,我感到非常欣慰,也希望借此让更多的老师行动起来,做有思想的行动者,逐步形成自己的教学特色和教学风格,成为更好的教师,而北中也必将因为大家的努力而成为更好的中学。

　　愿北中的教科研因你的参与更精彩,愿北中的发展因你的努力更辉煌!

山东省北镇中学党委书记、校长

李东海

2022 年 6 月

目　录

1　课标研读及学科教学

2　高考试题研究

3 课后反思

4 班主任工作

5 教育随笔

1 课标研读及学科教学

高中地理"问题式教学"实践中
存在的问题及对策分析

摘要:《普通高中地理课程标准(2017年版2020年修订)》提倡问题式教学。广大地理教师勇于探索实践,呈现出很多优秀成果。但是笔者发现,一线地理教师在采用问题式教学时仍存在很多问题:教学情境脱离教材,教学问题缺少生成,问题链条的逻辑关系过于单一,知识结构的构建形式局限于思维导图,缺少对教学情境的迁移应用,缺乏引导课堂的教学评价等。笔者尝试分析问题式教学中存在的问题并寻找解决对策。

关键词:高中地理;问题式教学;问题及对策

《普通高中地理课程标准(2017年版2020年修订)》提倡问题式教学,以培养学生学科核心素养为抓手,实现地理学科立德树人的根本任务。问题式教学是基于真实情境、解决真实问题的教学方式,是落实核心素养的有效措施。广大教师积极研究,在探索实践中勇于尝试,涌现出一大批基于问题式教学的优秀案例。但笔者发现,在教学过程中,因为对问题式教学的理解不够深刻,所以在教学探索的实践中暴露出种种问题,如教学情境脱离教材,教学问题缺少生成,问题链条的逻辑关系过于单一,知识结构的构建形式局限于思维导图,缺少对教学情境的迁移应用,缺乏引导课堂的教学评价等。基于这些问题的存在,可见问题式教学在高中地理教学中的应用还不够广泛。

一、课程内容和教学资源的限制

教材章节的限制,使得具有逻辑关系的问题链很难展开探究。依据《普通高中地理课程标准(2017年版2020年修订)》出版的四版高中地理教材,基本都是按照自然地理或人文地理要素分章节进行内容编排,这样有利于学生对单一要素进行纵向挖掘,但缺少了各要素之间的横向关联。《高中地理必修一(人教版)》一书是将每个自然地理要素单独成章,其余版本教材虽然都将自然地理要素归到一章,使得各要素的关联略微紧密,但是这种关联依然需要教师进行提炼,学生自己很难把握。一个具有严密逻辑关系的问题链必然要求把握各要素之间的关联,学生在没有一定知识基础的情况下,去纵向理解深层次的问题,难度较大。

问题的确定可以覆盖若干内容或教科书的若干章节。而高中地理课程的推进基本按照章节进行,很少打破章节的限制,如需打破章节限制,必然需要对教材内容进行整合。无论是教师对教材进行重新整合,还是学生理解跨章节的内容,实施起来都有难度。

问题式教学尤其是其中的项目式教学,要求符合学生兴趣特点和认知发展特点,要选择能够激起学生强烈探究欲望的内容,让学生在有时间、有空间、有情节、有问题的环境中经历知识学习的过程。给学生分配任务清单,让学生收集整理,探讨研究,甚至到室外观察、调查,这都需要时间、空间等教学资源。如果按照最有效的方式进行教学,肯定需要教学资源予以保障,但现实教学资源的不匹配,导致问题式教学只能纸上谈兵,效果也大打折扣。

二、教学情境脱离教材

问题式教学是基于对同一主题的深度追问,承载问题的情境最好是同一情境的不同演化或不同层次,而不应该变换情境。教师们虽然对这一点已经达成共识,但从研读优秀的教学案例中发现,虽然给定的不同材料都有同一主题,但是变换了区域,变换了角度,变换了方向,实质上已经不再属于同一教学情境。

为了贴近学生生活实际,教师多选取学生身边的案例,为了让问题链条趋于完整,教师备课时需要深度挖掘案例,但是这样出来的案例早已不是教材提供的材料。虽然教材呈现的内容不是高考的原有内容,高考很少考教材的案例,但教材是学生学习的抓手。教学内容中的核心知识点、基本规律、基本原理都应来源于教材。重新选择并经过整合的情境完全脱离了教材,学生在学习过程中将缺乏依据和资源,自然没有了学习的方向。

三、问题链缺少生成性,逻辑关系单一

1.探究的问题缺少生成性

问题式教学是基于真实情境的真实问题,是在日常生产生活中自然而然遇到的真实问题,谁体验生活谁遇到问题,谁参与研究谁提出问题,既然学习的主体是学生,那么问题的提出者自然也应该是学生。但在教学实践中,很多课堂都是教师代替学生提出问题,学生提问题的权利被剥夺,在探究问题之前,问题已经很成熟地呈现在学生面前了,学生所能做的就是去解决这些问题。

"能否提出有价值的问题",是学生善于思考、积极创新的表现,对于自己提出来的问题,学生的探索兴趣也会更加浓厚,所以我们应该尊重学生思考的权利。之所以会出现教师越俎代庖的现象,是因为教师担心对于即时生成的问题没有可利用的资料予以提供,难以给予学生有效的指导,费时费力,甚至得不出"完美"的结论,让课堂看起来不是解决问题,而是遗留了很多问题。其实这正是问题式教学所期待的。

让学生提出问题,这对于任课教师的要求更高。为很好地解决这一问题,教师可以尝试对探究主题可能涉及的问题充分预设,而课堂通过呈现材料,让学生提出问题,无论学生提出怎样的问题,基本都在教师的预设范围之内。这既尊重了学生思考的权利,同时也能让教师很好地掌控课堂。对于一些有价值的但没有进行预设的问题,也不要视其为洪水猛兽,不应该回避。很多研究成果,恰恰来源于课堂新生成的东西。教师也可以适当地予以演示并对演示问题做预设,增强课堂的探究意味,扮演推动解决问题的角色。

2. 探究的问题缺少开放性

正因为这些问题的提出者是教师,所以问题都经过了预设,同时很多问题起到承上启下的作用,使得问题的答案具有唯一性,开放性不足。很多问题的探究空间主要体现了超出学生的最近发展区,即增大难度。问题的探究空间本应该来源于学生对新知识的缺乏,同时也是由情境的部分不良结构导致,但其问题应该始终处在学生的最近发展区。具有明确指向性的问题实际是过度牵引学生,压缩了学生的思维空间,久而久之,学生没有了探究热情,消磨了学习兴趣。当前高考命题也在进行开放性问题的探索,高中地理课堂应该与时俱进。

3. 问题链的逻辑关系单一

逻辑联系是问题链的灵魂,是连接问题的桥梁与纽带,是问题链中"链"字的最佳体现,缺少逻辑联系的问题犹如一盘散沙。但是当前设计问题链条时,其内在的逻辑关系多为纵向递进型(递进关系),比较单一。地理问题向纵深方向发展的特点注定了不同问题之间多存在层层深入、不断递进的关系,但依据主问题拆解的分问题之间还可以存在多种形式的逻辑关系,比如横向展开型(并列关系)、由总到分型(总分关系)、前因后果型(因果关系),甚至可以尝试由点到面型(点面关系),通过归纳总结,构建新的知识结构。问题式教学在设置问题链时,可以尝试多种逻辑关系。

四、探究过程方法单一,知识构建形式单一

2017 年版课程标准并不是"另起炉灶",而是对旧课标的继承与发展。在提出问题、分析问题和解决问题的过程中,大多数教师采用探究法,主问题有几个问题链条,就设置几个探究活动,变传统教学的"满堂灌"为"满堂探究",不考虑问题是否具有探究价值,有无探究空间。实际上,自主学习、小组合作学习、查阅相关资料、观察调查,甚至设置模拟实验,都可以作为解决问题的重要手段,问题解决的结果呈现也应该有多种方式,不仅仅是文字表述一种类型。

问题式教学的最终目的不在于解决真实情境中的"问题",而是建立与"问题"相关的知识结构,并能够由表及里、层次清晰地分析问题,合理表达自己的观点。地理教师建立新的知识结构的形式太过单一,多以思维导图的形式呈现。根据杰罗姆·布鲁纳的结构主义教学理论,任何知识结构的表象形式都可以用动作、图像、符号等多种方式来表示。

五、缺少迁移应用,需要教学评价

问题式教学是基于真实情境解决真实问题的,实际是一种案例教学,采用案例教学的最终目的不是解决情境本身的"问题",通过已知构建新的知识结构也不是最终目的,能够利用在这一情境中习得的新知去理解、解决相关问题才是课堂教学的最终目的。但是笔者通过研究发现,很多优秀的问题式教学案例并没有"迁移应用"这一环节,能否将新的知识结构灵活应用于其他情境中,是检验课堂教学效果好坏的重要标准,也是培养学生迁移应用能力的重要步骤,课堂教学中应该有这一教学环节,而且需要做好。

一节课是否成功,需要进行评价,但较多问题式教学的课堂缺少教学评价。采用什么方式评价、评价哪些方面、如何评价,考验着授课教师的课堂把控能力和创新能力。问题式教学课堂评价的内容可以尝试从表现性评价和思维结构评价两方面制定切实可行的、具有引导作用的评价量规。过程性评价主要是依据提出问题、分析问题、解决问题中不同的教学环节,从参与学习的积极性、是否提出具有价值的问题或对解决问题的贡献程度,划分不同的等级标准。思维结构评价主要针对学生呈现的问题解决方案或构建的知识体系,依据核心素养表现制定不同水平层次的评价标准。评价方式可以尝试学生或小组自评、互评,也可以尝试师评。让学生能够根据评价标准发现自己的不足,进而找到提升改进的方向。好的课堂教学评价对于提升课堂效率具有重要作用,并非可有可无。

没有任何一种教学方法是完美的,问题式教学能够促进地理学科核心素养的培养,帮助实现学科育人的目标,对于在实践中出现的问题,地理教师应该勇于探索尝试,寻找解决方法,以便更好地服务教学。

参 考 文 献

[1] 中华人民共和国教育部. 普通高中地理课程标准[M]. 2 版. 北京:人民教育出版社,2020.

[2] 方晓阳. 基于问题式教学的高中地理思维链建构:以"地球的历史"为例 [J]. 地理教学,2020(21):51-53.

[3] 韦志榕,朱翔. 普通高中地理课程标准(2017 年版 2020 年修订) 解读 [M]. 北京:高等教育出版社,2020.

基于核心概念的单元教学设计研究
——以"用人地关系整合人口、城乡单元"为例

摘要：新课程标准提出重视单元教学。相对于传统教学方式，单元教学避免了"知识碎片化"等问题，更有利于落实学科核心素养。经过对教学内容的适度分析，抽离出具有统摄力的核心概念，以核心概念为主线构建教学单元。进行单元教学设计时，需深度分析课程标准、学情，确立教学目标，选定合适的教学情境，设置问题链条，通过问题式教学构建知识体系，最终达到落实核心素养的目标，同时需要教师设置科学的教学评价，及时反馈教学效果。

关键词：核心概念；单元教学设计；人地关系

《普通高中地理课程标准（2017 年版 2020 年修订）》（以下简称 2017 年版课标）明确指出，落实学科核心素养、实现学科育人价值是新课程教学的主要目标。教学目标的转变必然导致教学方式的变革，广大教研人员、一线教师需积极探索，2017 年版课标提出的单元教学设计成为当前研究的热点。

传统教学方式是基于课时的教学，依据教学时间的多少设置一定量的教学任务，不同课时之间的关联相对较小，教学内容之间的逻辑关系常被忽略，知识体系也被割裂得七零八落，没有体系的学习内容很难被记忆、理解和应用，与教给学生终身受益知识的教学理念不符。知识碎片化也不利于培养学科思想、学科方法和实现学科育人的价值。

单元教学本质上是一种中等程度的综合，高于课时，同时低于课程。一个教学单元应该分为多个课时或多个任务、多个问题，而多个教学单元构成了整个课程体系。核心概念，又称大概念、大观念，是指能反映学科的本质，居于学科的中心地位，具有较为广泛的适用性和解释力的原理、思想和方法。基于核心概念的单元教学，可以通过核心概念的统领作用和聚焦作用，挖掘相关知识间的逻辑关系与本质联系，确定教学单元，进而在整合与统一课程教学目标、单元教学目标与课时教学目标的基础上，对教学内容进行重新整合与优化，并依据知识间的逻辑关系与本质联系安排教学，达成学科核心素养目标。同时，基于单元教学的评价有利于实现教学效果的多次反馈，促进教学目标的实现。

一、选取核心概念统摄教学内容是保证单元教学有效性的前提

自然地理的核心概念主要包括空间、关联等；人文地理的核心概念主要包括人地关系、区位等；区域地理的核心概念主要包括区域环境、区域发展和区域联系等。而区域应属于课程概念，高于单元的范畴。不同的人提取的核心概念可以不同。

从人地关系的角度审视高中《地理必修第二册(人教版)》教学内容是非常重要的,可以认为,人地关系就是统摄该部分内容的核心概念。人口的主要内容——人口分布,实际可以看作是世界不同地区地理环境对人口数量的影响:存在人口稠密区是因为该地区存在较多有利于人类生存的条件,相反,人口稀疏区存在着较多不利因素。地理环境影响了人口分布,而人口分布反映了地理环境的特点。同样,一个地区的地理环境适合生活多少人,最多能养活多少人,本质上依然是地理环境对人口数量的影响决定的。人口迁移则是人口对不同区域地理环境差异做出的反应,反映了人地关系相互之间的影响。城镇化过程实际上是人口迁移的过程,即人口从乡村迁移到城镇的过程。城镇化过程中产生的问题则是人类对地理环境的影响,同时无论是郊区城市化,还是再城市化,都是针对人口迁移过程中出现的不适应情况而做的调整。城乡文化同样是地理环境对人类的影响,而城乡景观则是人类对地理环境的影响。该部分的核心问题就是理解人地之间的相互影响,尤其是地理环境对人类的影响。此处既有核心概念——人地关系关联的知识单元整合,又在教学内容上存在必然联系,比较适合设置为一个教学单元。

高一学生已在初中阶段学过人口问题,如描述人口增长特点、分布特点,了解我国人口政策等。知识体系中,涉及人口迁移的内容时,可融入历史知识,无论是 19 世纪之前的国际人口迁移,还是我国古代的人口迁移,都可以拓展其历史背景。这样就构成了一个跨模块、跨年级、跨学段、跨学科的单元教学体系,人口、城乡等的内容结构如图 1-1 所示。

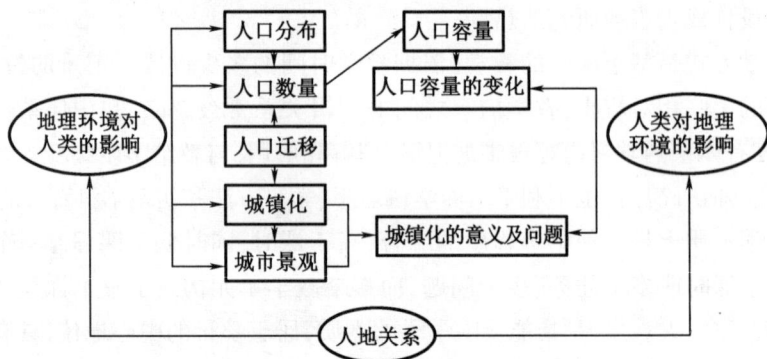

图 1-1　人口、城乡等的内容结构

二、围绕核心概念制定单元教学目标是教学实施的重要步骤

在单元教学设计中,单元的目标设计是关键,其导学、导教、导测量,是单元教学实施的起点和归宿点。单元教学目标关系到学生学什么、怎么学,而学生怎么学决定了教师怎么教。学生的学、教师的教又决定了该如何评价学习过程和学习效果。依据教学目标,可细化评价标准,看教学目标是否达成,达成到了什么程度。

制定单元教学目标,需依据课程标准深究教材,同时考虑学情。教学目标既包括知识内容、学习方法、情感态度和价值观,又包括为达到教学目标所运用的方法,同时应体现教学目标应达到的层次,便于量化与评价,还应该展现出学科思想、学科独到的学习方法和学科价值。

单元教学目标相互之间并非简单的罗列,而应该存在严密的逻辑关系,围绕核心概念,设置问题链条,逐步向问题纵深挖掘,思维上还需进阶,最终通过完成教学目标形成一个完整的知识体系,构建严密的逻辑关系。

高一学生虽学过有关人口的内容,但对人口分布的形成原因仅有感性认识,理性分析不足。经分析课标及教学内容、学情后,确立该部分的主要问题和单元教学目标,如表1-1 所示。

表1-1 该学习单元的主要问题及基于人地关系的单元教学目标

主要问题	1. 地球上人口分布有什么特点? 影响人口分布的原因是什么? 2. 如何解释区域资源环境承载力? 如何解释人口合理容量? 3. 人口为什么要迁移? 人口迁移有什么特点、影响? 4. 城镇化是一种怎样的人口迁移? 这种人口迁移的原因是什么? 5. 城镇化过程中产生哪些问题? 如何解决这些问题?
单元目标	1. 运用图表,描述人口分布特点,理解地理环境对人口分布的影响,培养尺度思想; 2. 说出环境承载力、人口合理容量的内涵,理解两者的区别与联系,学会用综合思维看待复杂问题,树立人口资源与环境协调发展的理念,正确认识人地关系; 3. 结合具体案例,描述我国人口迁移的特点,通过分析原因,理解人口迁移是人口对地理环境差异做出的反应,强化区域认知与综合思维; 4. 运用资料,从人口迁移的角度分析城镇化产生的原因及其影响,从城乡差异对人类的不同影响理解推拉理论; 5. 结合具体案例,从地理环境对城乡产生不同影响的角度体会地域文化在城乡景观中的体现

教学目标分为课程目标、单元目标和课时目标。正确认识人地关系,培养科学的人地协调观是新课程的四大核心素养之一,是整个高中地理的课程目标之一,人口、城乡等内容能够较好落实这一目标。依据人地关系整合该单元教学内容,设置单元教学目标。该单元教学目标层层递进、逻辑严密,教学时需将其合理分解为课时目标,然后再依据核心概念及课时目标,设置问题链条,选定合适的教学情境,展开教学。

三、依据核心概念创设教学情境是单元教学成功的点睛之笔

捷克教育家扬·夸美纽斯指出,用同样未知的事物作为媒介去教未知的事物是错误的。选择学生熟知的地理事物、地理情境,探究真实的地理问题,解决生活中的真实困难,能够激发学生的学习热情,从而调动学习的积极性,促进学生对知识的理解。同时,设置基于核心概念的问题链有利于地理思维的进阶,遵循循序渐进的教学节奏有利于地理思维的螺旋式上升。

珠三角地区位于广东省中南部,面积不到广东省的1/3,而人口占到全省总人口的54%,通过广东省的人口分布不均再拓展至中国、世界的人口分布不均并分析原因,体会地理环境对人口分布的影响。改革开放以来,随着经济的快速发展,珠三角成为全国人口的重要聚集地之一,通过该地涉及的人口迁移现象,探究人口迁移的原因。随着人口迁移,珠三角地区城镇化水平也显著提高,城镇化率达到84.9%。2015年1月,世界银行发布报告显示,珠江三角洲地区超越日本东京,成为世界人口最多、面积最大的城市群。通过该区域城镇化的发展,探究城镇化的过程、原因及分析存在的问题。城镇化前,该地区广泛存在着基塘农业,具有明显的地域特色,是地域文化的充分体现,后来伴随深圳的发展,也形成了自己的城市文化。

选择该区域作为贯穿本单元的核心区域,教师通过该区域的发展历程,围绕人地关系设置真实问题,既让学生有熟悉感,又可进一步培养其家国情怀,比较合适。

四、根据核心概念设置问题链条是单元教学循序渐进的目的所在

将人地关系这一核心问题分解为多个循序渐进的小问题和小任务,每个课时聚焦其中几个问题,通过问题的逐步深入实现思维进阶,同时在此过程中注重培养学科思想和学科方法,实现学科价值。课时教学目标及具体教学过程如下所示。

课时一:通过描述人口分布特点,理解地理环境对人口分布的影响;说出环境承载力、人口合理容量的内涵,理解二者的区别与联系,树立人口资源与环境协调发展的理念,正确认识人地关系,如表1-2所示。

表1-2　课时一:教学过程

问题链条	课标内容	学生活动	设计意图
1. 珠三角地区人口分布有何特点? 2. 中国、世界人口分布有何特征,原因是什么? 3. 珠三角能否养活更多人?	2.1.1 运用资料,描述人口分布的特点及其影响因素 2.1.3 结合实例,解释区域资源环境承载力、人口合理容量	展示广东省1978年、2018年人口分布图,描述该省的人口分布特点	帮助学生体验不同阶段人口的变化状况,培养学生要用变化的眼光看问题,培养时空综合的学科素养
		展示中国及世界人口分布示意图,分别描述我国及世界人口分布的特点,并分析其原因	通过分析人口分布特点及原因,理解不同地区地理环境对人口分布的影响,培养综合思维的学科素养,培养区域尺度思想
		提供材料:珠三角2000年以后人口变化情况、发达省份2020年吸引人口数量差异。思考珠三角是否还可以吸引更多人,该地最多能养活多少人及怎样吸引人等	引导学生理解人口容量与资源承载力的内涵。通过设置开放性问题,最多能养活多少人及如何吸引人等,培养学生的辩证思维能力、地理综合思维能力

课时二:结合珠三角人口集聚的案例,描述我国人口迁移的特点,通过分析原因,理解人口迁移是人口对地理环境差异做出的反应;通过我国人口重心的转移,理解地理环境变化对人类的不同影响,如表1-3所示。

表1-3 课时二:教学过程

问题链条	课标内容	学生活动	设计意图
1.珠三角地区人口增长较快,原因是什么?这对该地区产生了怎样的影响? 2.改革开放后,我国人口迁移发生了什么变化?这对欠发达地区有什么影响? 3.我国古代的人口重心为何从黄河流域移至长江流域?	2.1.2运用资料,描述人口迁移的特点及其影响因素	提供资料:珠三角2000年后人口变化及出生率、死亡率情况,理解自然增长、人口迁移对该地区人口的影响	意在让学生理解自然增长率、机械增长率对一个地区人口的影响,同时理解人口迁移的原因及对迁入区的影响,培养学生理解人地相互影响的思想
		描述我国改革开放后人口迁移特点,探究影响我国人口迁移的因素,并分析原因	意在让学生理解经济因素是影响人口迁移的主要因素,同时理解人口迁移对迁出区的利弊影响,培养学生的综合思维能力
		提供材料:长江中下游地区的农业与人口变化历程,思考我国古代人口重心从黄河流域迁至长江流域的原因	土地改良和船的发明促进长江流域农业发展,加之北方战乱等导致人口南迁,让学生理解不同发展阶段地理环境变化对人类影响的差异。帮助学生归纳推拉理论,培养其综合思维

课时三:依据珠三角地区人口迁移导致的城镇化现象,归纳城镇化的区域差异,理解地理环境差异对人口迁移的影响,分析城镇化的原因、意义、出现的问题等,理解人类对地理环境的影响,如表1-4所示。

课时四:结合珠三角地区的基塘农业、深圳的城市文化,体验地域文化在城乡景观中的体现,理解地理环境差异对城乡景观的影响,如表1-5所示。

表1-4　课时三:教学过程

问题链条	课标内容	学生活动	设计意图
1.珠三角地区改革开放后城镇化发展有何特点,与中西部地区有何差异? 2.珠三角的城镇化对该区域有何意义? 3.分析珠三角地区城镇化过程中出现的问题	运用资料,说明不同地区城镇化的过程和特点,以及城镇化的利弊	提供资料:珠三角地区改革开放后人口、城镇的发展变化。归纳其城镇化特点,并比较与中西部地区城镇化的差异	通过珠三角的实例分析,使学生理解城镇化过程和特点的区域差异,培养学生地方综合的学科素养;通过理解欠发达地区的人口迁入是珠三角城镇化的重要原因,建立区域联系的观点
		通过珠三角逐渐发展为重要经济区,最后发展为世界主要城市群,总结归纳城镇化的意义	体验城镇化对一个地区经济发展的促进作用,发挥学科价值,引导学生感悟国家建设成就,培养其热爱祖国的家国情怀
		提供材料,总结珠三角城镇化过程中出现的问题,并尝试提出解决方案	培养学生辩证地思考城镇化的利弊与影响,使其理解人类活动对地理环境的影响

表1-5　课时四:教学过程

问题链条	课标内容	学生活动	设计意图
1.分析珠三角改革开放前乡村地区常见的基塘农业产生的地理背景; 2.体验深圳的城市文化	结合实例,说明地域文化在城乡景观上的体现	提供材料:珠三角的基塘农业,分析基塘农业产生的原因。依据该地区的农业变迁,分析城镇化对农业的影响	通过对基塘农业产生原因的分析,让学生理解地理环境对人类活动的影响,同时让学生体验基塘农业蕴含的地域文化
		根据所展示的深圳《拓荒牛》雕塑,结合深圳发展历程,说出其城市文化特征和地域文化在所在城市景观中的体现	体验地域文化在城市景观中的体现,同时培养学生热爱家乡、热爱家乡文化的情感

五、教学评价的不断反馈是提升课堂质量的强力保证

教学评价环节有利于促进师生的教学反馈,检验教学目标的达成度,实现学生的自我修正与提高。设计科学合理的教学评价是当前教学设计的难点。针对学生课堂表现的评价,在此,以课时三主要问题的评价举例予以说明,如表1-6所示。

表 1-6 课时三:学生表现性评价量表设计

内容评价	分值	水平 1 （分值 60% 以下）	水平 2 （分值 70%~80%）	水平 3 （分值 90%~100%）	自评	他评	师评
描述珠三角地区改革开放后城镇化发展特点,以及与中西部地区城镇化的差异	30	城镇化发展特点描述不标准,与中西部地区的比较不准确	城镇化发展特点描述准确,但是与中西部地区比较不准确	城镇化发展特点描述准确,能够与中西部地区做出准确、规范的比较,体会到不同地区城镇化的差异			
分析珠三角的城镇化对该区域发展有何意义	40	仅能从一个要素说明城镇化带来的有利影响,表述不够规范	能从两个要素说明城镇化带来的有利影响,表述相对规范	能从多个角度详细说明城镇化对区域发展的有利影响,并表述规范、准确			
分析珠三角地区城镇化过程中出现的问题	30	能够说出城镇化产生的 1~2 个问题,对于问题产生的原因分析不清	能够说出城镇化产生的多个问题,对于其中 1~2 个问题的产生机理分析透彻	能够系统、全面地说出城镇化产生的问题,并对问题产生机理的表述非常准确			

参 考 文 献

[1] 张素娟,刘一明. 基于大概念的高中地理单元整合设计:以"宇宙中的地球与地球运动单元为例"[J]. 地理教学,2020(16):4-8.

[2] 张素娟. 基于地理核心素养的地理单元教学设计:以"地理位置"的学习为例 [J]. 中学地理教学参考,2017(15):28-31.

[3] 方琦,王哲呈,朱志刚. 基于地理核心素养的单元教学设计研究:以"人口"章节为例 [J]. 地理教学,2020(07):53-56+16.

[4] 夸美纽斯. 大教学论[M]. 傅任敢,译. 北京:人民教育出版社,1984.

基于综合思维的问题式教学
在高三一轮复习中的应用
——以"河流的综合开发"为例

摘要: 无论是全国卷高考地理试题,还是各地方卷高考地理试题,对核心素养的考查愈发明显,尤其是对综合思维的考查比重最高。引导教学是高考的重要功能之一。高三学生只有进行科学的核心素养备考,才能很好地应对高考试题的变化。问题式教学是落实核心素养的有效教学方法,相比新授课,高三复习课更有利于问题式教学的应用。地理教师可应用问题式教学,有效推进核心素养备考。

关键词: 综合思维;问题教学;高三一轮复习;河流综合开发

《普通高中地理课程标准(2017年版2020年修订)》(以下简称2017年版课标)对高中地理课程做了调整,高中地理教学将以培养学生核心素养为抓手,最终实现学科的育人价值。基于解读新课标而出版的四版高中地理教材也以落实核心素养为主要目标,作为引领高中地理教学的高考对新课标理念的落实已经体现得非常明显,假如课堂教学不做出相应改变,学生将很不适应高考的考查。高三备考从教学大纲时期的知识备考,到2003年版旧课标时期的能力备考,再到今天的知识、能力和素养的综合备考,发生了较大变化。多年来,知识和能力备考已经比较成熟,2017年版课标发布以来,尤其是《高考评价体系》发布以来,各高中学校都尝试推进素养备考,以适应当前教学形式的变化。不同于地理学科必备知识的夯实和关键能力的培养,核心素养的达成没有抓手,不好落地。问题式教学是落实核心素养的重要措施,笔者一直尝试在高三一轮复习的课堂上利用问题式教学进行核心素养备考,现以"河流的综合开发"为例,尝试进行探索。

一、问题式教学和综合思维

问题式教学是2017年版课标中提倡的教学方法,基于生产生活的真实情境,以"发现问题"和"解决问题"为要旨,在解决问题的教学过程中,教师引导学生运用地理的思维方式,建立与"问题"相关的知识结构。这一教学方法能够有效促进核心素养的达成。

综合思维是地理学科核心素养之一,指人们运用综合的观点认识地理环境的思维方式和能力,归根结底是一种思维方式。综合思维的内涵包括要素综合、时空综合和地方综合,主要涉及各地理要素之间的相互联系、相互制约和相互影响,同时涉及时空综合下分析地理事象的发生、发展和演化,从地方或区域综合的角度分析地理要素对区域特征形成的影响,以及区域人地关系等。高三一轮复习重在夯实核心知识,构建知识体系,注重知识点之间关联的特点,更有利于培养综合思维。

二、教学内容及学情分析

1. 教学内容

河流作为一个重要的地理要素,与地理环境其他要素密切相关,深受人类影响的同时也深刻地影响着人类的生产生活。流域作为特殊区域类型,其核心是河流,流域综合开发应以河流的综合开发为核心,同时作为一个整体,其开发也深受流域整体环境的影响。

2003 年版课标对此部分的要求是以某流域为例,分析该流域开发的地理条件,了解该流域开发建设的基本内容以及综合治理的对策措施。

2017 年版课标则要求以某流域为例,说明流域内部协作开发水资源、保护环境的意义。对比分析发现,前者侧重知识体系的建立,注重知识的逻辑关系,后者主要以知识为载体,注重各地理要素的相互影响,尤其是各要素对综合开发的影响,同时注重不同时空、阶段或不同河段之间的影响,侧重落实综合思维、人地协调观等学科素养。

2. 学情分析

学生已经学习了有关河流的部分内容,诸如河流的水文水系特征、河流的补给类型及特点、人类活动对河流的影响等,同时掌握了分析区域发展的一般思路,具备了一定的知识基础。但是,学生尚不能建立各零散知识点相互之间的关联,不能构建知识体系。因为是复习课,学生缺少新奇感,通过构建教学情境,将核心知识嵌入问题之中,通过问题链的解决构建知识体系,同时基于解决真实情境中的真实问题,激发学生的学习热情,以更好地完成教学目标。

3. 教学目标

基于教学内容特点和学情分析,确立本节课的教学目标,如图 1-2 所示。

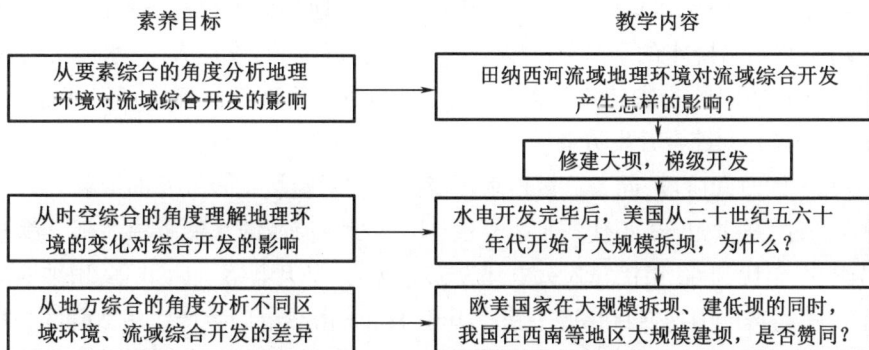

图 1-2 教学目标及教学过程示意图

(1)运用地理环境整体性原理,从要素综合的角度分析田纳西河流域地形、气候等要素对流域综合开发的影响。

（2）通过分析不同时间阶段，人们在田纳西河上分别进行建坝和拆坝等截然不同的开发活动，从时空综合的角度理解地理环境的变化对流域综合开发的影响。

（3）对比我国西南等地区大规模建设大坝现象，从地方综合的角度分析不同区域地理环境、流域综合开发的差异，同时培养因地制宜的地理思维，树立正确的人地协调观。

三、教学过程

探究 1. 流域的地理环境对流域综合开发的影响

材料：田纳西河作为俄亥俄河第一大支流，密西西比河的二级支流，是美国第八大河，流经七个州。源出阿巴拉契亚高地西坡，上中游河谷狭窄，比降较大，多急流，下游河谷较开阔。流域内年平均气温 13～16 ℃，冬季大部分地区在 2 ℃ 左右，夏季为 24~28 ℃，年降水总量大，冬末春初多降水，夏秋季降水相对较少。分析田纳西河主要靠大气降水补给。

问题（1）：根据田纳西河流域气候特征，分析田纳西河径流量的季节变化有什么特点。

问题（2）：从农业发展的角度看，夏季是作物的主要生长期，需水量大，而冬季需水量较少。田纳西河流域的气候条件对农业发展有什么影响，如何利用田纳西河的水资源发展农业？

问题（3）：分析田纳西河流域地形特征产生的有利、不利影响。

问题（4）：田纳西河径流量的变化对航运产生什么影响？怎样才能改善田纳西河的航运条件？

设计意图：通过分析气候对当地农业的影响，气候对河流水文特征的影响，地形对水能水电、交通水运的影响，体现地理环境各要素相互联系、相互制约、相互影响的整体性特点，落实综合思维中的要素综合。同时，为河流综合开发寻找思路。

总结：田纳西河流域地形起伏较大，落差较大，水能资源丰富，修建大坝可开发水能；地形使得陆路交通不便，水运的地位相对突出，为克服地形对水运的不利影响，可修建大坝，设置船闸；该流域降水的季节分配不均，对农业发展不利，修建大坝、水库可解决水资源季节分配不均的问题。基于多方面的考量，田纳西河管理部门确定了以修建大坝、进行梯级开发为核心的综合开发方向。

探究 2. 不同时间阶段，同一流域地理环境的变化对流域综合开发的影响

材料：经过 20 世纪 30 年代的水电开发，田纳西河流域的水能资源大部分都开发完毕，20 世纪 50 年代到 60 年代转入火电建设，建成 12 座火电站。1980 年，田纳西河流域管理局的电力生产能力达 3 000 万千瓦，其中 80 % 由热电厂生产。从 20 世纪 80 年代开始，欧洲国家也开始从建高坝转为建低坝，甚至开始大规模拆坝，如表 1-7 所示为美国水坝危险等级统计数据。

表 1-7 美国水坝危险等级统计数据

危险等级	数量/座
严重危险	14 726
较危险	12 406
低危险	58 986
未定	1 271

问题(5):分析水坝建成后对河流不同河段自然地理环境产生的不利影响。

问题(6):从社会、经济角度说明美国大规模拆除水坝的原因。

设计意图:通过分析同一流域前后两种截然不同的开发方向——建坝和拆坝,以落实学生从时空综合的角度分析地理环境对流域综合开发的影响的教学目标。同时,分析水坝建成后对河流不同河段自然地理环境的不利影响,可以使学生理解同一活动对不同区域的影响,从而落实区域综合这一核心素养。

总结:从建坝到拆坝,都是人类对地理环境的改造,都是源于人类对环境的认识,很难评价对错。当生产力水平比较低时,人类必然要充分利用地理环境提供的各种资源,而当生产力水平较高时,人类可能更多地考虑环境保护问题。在利用环境的同时,人们也在寻求一种人与环境更加和谐相处的发展模式。

探究 3.同一时间阶段,不同流域地理环境的差异对流域综合开发产生的影响

材料:欧美国家在进行拆坝运动的同时,我国西南等地区正大规模建设水电站,其中不乏许多超大型水电站,例如,白鹤滩水电站年平均发电量达到 602.4 亿千瓦时。我国水力发电装机容量和发电量稳居世界第一。有人借用外国的拆坝案例对我国水电站的建设提出不同意见。

问题(7):你如何看待这一现象?说出你的观点并分析理由。

设计意图:不同地区发展状况差异较大,对于人类而言,发展依然是第一要务。发达国家在已经达到经济发达的同时,电力资源能够得到保障,恢复河流自然生态成为必然的选择,而我国西南地区依然比较贫困,且具备丰富的水能资源,为发展经济建设水电站也无可厚非。设置开放性问题,增强学生的发散思维,让学生理解不同区域地理环境差异对区域经济发展的不同影响,同时,让学生理解这也是人类追求人地和谐的一种体现。

教学评价:新的课程标准要求增强教学评价,评价内容可包括学生参与课堂的程度、学生表现出的思维结构水平等。教师针对学生参与课堂的程度进行过程评价,比如在小组合作探究过程中,可依据是否参与小组合作探究,是否积极发言,是否提出有价值的问题或是对解决问题做出的贡献程度等进行评定,将学生的表现分为不同等级。同时重视学生思维结构评价,让学生针对评价标准进行自我评价,引导学生自我调整。根据 2017年版课标对综合思维的水平划分,本节课中部分问题的综合思维表现性评价如表 1-8所示。

表1-8　本节课部分问题的综合思维表现性评价

评价内容	水平等级划分
问题(3):分析田纳西河流域的地形特征产生的有利、不利影响	水平1:能从两个要素相互作用的角度进行分析;仅能说出地形的两个直接影响。 水平2:能从多个要素相互影响、相互制约的角度进行分析;能说出地形产生的多个影响,但不能辩证地分析地形特征对河流开发产生的影响。 水平3:能综合各要素系统地分析要素之间相互影响、相互制约的关系。 水平4:能运用要素、时空、地方综合的分析思路,系统性、地域性地分析现实中河流的地理环境对综合开发产生的影响
问题(6):从社会、经济角度说明美国大规模拆除水坝的原因	水平1:能够说出两个原因,但缺乏分析或分析比较简单。 水平2:能从多要素相互影响、相互制约的角度进行分析;能说出两个原因并进行较为详细的分析。 水平3:能综合各要素系统分析美国大规模拆坝的原因。 水平4:能运用综合的分析思路,对各种河流开发方向进行系统性、地域性分析

四、教学反思

新授课中的问题式教学受制于教材章节的限制,很难建立知识点之间的横向关联。问题链之间的横向拓展需要关联各章节内容才可以展开训练,而纵向挖掘,需要思维发展到高阶水平才能开展,这两个特点都限制了问题式教学在新授课上的使用。而复习课,尤其是高三一轮复习课,学生的知识体系虽尚未建立,但无论是知识水平还是思维结构,都具备了一定的基础。同时,高三一轮复习重在回顾学科核心知识,构建知识体系,可以打破章节限制,这与问题式教学的特点不谋而合。相比于新授课,问题式教学更适用于高三一轮复习课。

地理学科核心素养的落实不应一蹴而就,而应根植于每节课的基本思想中。作为高三一轮复习课,知识内容之间的关联、选取的案例素材,都是落实核心素养的重要方面。合理运用问题式教学,带领学生循序渐进地思考、辨析,可让学生逐渐加深对地理问题的理解,进而实现要素综合、时空综合、地方或区域综合3个维度的同步提升。能否落实核心素养,落实的程度如何,取决于授课教师对核心素养的理解,作为地理教师,应该多研究地理学科关于核心素养方面前沿性的研究成果,并勇于实践。

参 考 文 献

[1] 中华人民共和国教育部. 普通高中地理课程标准[M]. 2 版. 北京:人民教育出版社,2020.

[2] 王盈,王玉龙. 问题式教学助力学生地理综合思维能力提升:以"水稻种植业的区位选择"为例 [J]. 中学地理教学参考,2020(07):34-36.

注重能力培养、构建高效课堂

——以人教版"能源资源的开发"为例

在深化教育改革的今天,地理课程一周只有两课时,虽然我们在缩减课程内容,但教师依然普遍感觉时间紧、任务重,教学目标难以完成,在不可能增加课时的情况下,构建高效课堂是解决这一问题的出路。

所谓高效课堂,就是学生对切合实际的教学目标达成度高,且学生在实现目标达成度的过程中主动参与、积极思考,在师生互动、生生互动中掌握知识,充分体现出课堂自主性的课堂。

本部分将根据地理"必修三"的特点,从教师教和学生学两个方面探讨如何注重能力培养,构建高效课堂(图1-3)。

图1-3 教师讲授地理课

教学时,以理说理不如以例说理更充实、更吸引人。"区域可持续发展"这一部分内容中,课程标准要求"以……为例,分析……",因此"必修三"主要采用案例教学法。

一、教师教学中注重方法的提炼

教师在备课过程中不但要对教学内容、课标要求做深入研究,分析教材结构、厘清教学思路,而且要对学生的基础知识、基本能力有全面了解,以便使各个教学环节都能做到有的放矢。

1.铺垫区域背景知识,注重思维习惯养成

学生分析为什么、怎么做等深层次地理问题时,其知识储备、分析问题的能力还远远不够,有必要对案例所在区域的地理环境进行铺垫。而过多地强调区域背景知识将会干扰案例剖析这一核心环节。区域背景知识铺垫应投入多少精力取决于地理问题分析的深度、学生基础的扎实程度。

在学习人教版教材"能源资源的开发"这一教学内容之前,学生并没有能源方面的知识储备,为了更好地理解山西能源资源的开发条件,教师有必要先为学生补充能源的相关知识(如能源的分类、不同类型能源的地位等)。在分析山西煤炭资源的开发条件时,教师要有意识地提出分析能源资源开发的三原则:考虑区域的资源状况、考虑市场条件、分析交通条件。分析区域的资源状况主要从储量、分布、种类、品质、开采条件等五个方面考虑。通过这样的方法提炼,待学生形成思维习惯后,无论分析哪个地区的任何资源,都能做到条理清晰、准确到位。此外,为更好地进行背景知识铺垫,教师还可以采用以下方法:模式描述法、主导因素法、对比分析法等。

2. 重点剖析案例,注重思路总结

相对于地理"必修二""必修三"采用的多为大案例教学,学生通过解决一个完整的地理问题来完成地理规律的归纳总结,并渗透其应用。案例的各个环节有着密切的联系,案例分析时应注重各部分内容内在联系的挖掘。案例教学法注重的不是案例本身,跳出案例找规律、通过案例学方法才是案例教学的重点所在。

以"能源资源的开发"为例,其首先从地理区位、能源结构、环境特征等方面突显了山西省能源开发的条件,同时分析了我国能源供需面临的五大挑战和山西省能源基地的建设路径。然后,从自然资源整体性的角度来考虑如何对区域能源进行综合利用。最后,从人与自然和谐发展的角度来分析如何在发展的同时兼顾区域环境的保护与治理,从而实现经济效益与环境效益的统一。

通过对教材进行深入分析,可以归纳出探究区域可持续发展的一般思路:分析区域特征—探寻区域可持续发展的有利因素和不利因素—选择发展战略—确定具体策略。

虽然每个区域的地理环境不一样,能源资源开发的内容不同,但无论对哪个区域进行"能源资源的开发"的学习,其基本思路是一致的。教师可以根据这一思路,引导学生学习我国乃至世界各国任何区域"能源资源的开发"内容。

3. 变换教学方式,教材资料利用最大化

人教版教材中有大量的"活动""阅读""思考"等环节,这些环节对学生理解教材大有帮助,如果采用传统的教学方法予以简单处理,学生的学习热情不但不高,而且很难达成教学目标。如果我们在教学方法上做一些改变,或许会收到意想不到的效果。处理"对山西省来说,输煤好还是输电好"这一活动时,笔者将班内的学习小组分成两大阵营,在学生具备一定独立思考能力的基础上采用小型辩论赛的形式进行处理,在生生互动、主动参与的过程中掌握学习内容。对于教材中的思考题,教师可以对其进行整合,将其设置成具有一定梯度、一定思维含量和探究价值的问题供学生进行小组合作探究。这样既锻炼了学生的思维,又能够让学生体会到思考的成就感。

二、学生学习时注重能力的养成

课程标准要求教师注重培养学生自主学习的能力,这种能力是伴随学生一生的财富。从高考的角度来看,近几年的高考试题越来越重视对区域地理的考察,而考查的通常不是教材上给出的区域,如果没有分析问题、解决问题的思路与方法,学生将难以找到突破口,难以得高分。所以学生在日常学习过程中就该注重能力的养成。学生在学习时需重点培养三方面的能力:读图析图能力、合作探究能力、学以致用能力。

1. 侧重图表分析,注重读图能力的养成

学会读图是学生学习地理时需要培养的一项基本能力。高考试题中给出的材料也多以图表的形式呈现。如何读懂图表,从图表中能够提取哪些信息,哪些信息有助于解决问题,针对图表又可以提出哪些更深层次的问题等,都是学生要养成的读图能力。

以"中国与世界主要能源消费结构图"为例进行分析,如图1-4所示。

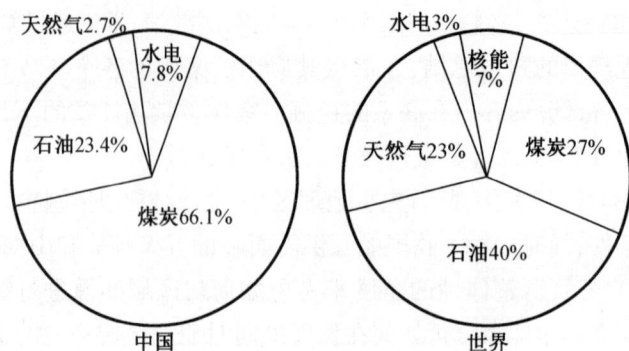

图1-4 中国与世界主要能源消费结构图

在借助这一结构图分析我国能源消费结构对山西煤炭资源开发有何影响时,始终贯穿一条线索:如何分析图表?该图表分析过程如下:第一,利用图名找出核心问题。教师引导学生阅读图名,找出该图表蕴含的核心问题为"能源消费结构"。第二,挖掘图表信息,找出核心内容的特点。从能源消费结构的角度分析我国能源消费具有哪些特点,和世界能源消费结构相比我国存在哪些差异。第三,厘清各地理知识间的联系。引导学生根据山西省的煤炭状况从能源消费角度分析山西以煤炭为主的能源资源开发具有哪些有利条件。通过这样几个步骤,该图表所蕴含的地理信息基本都被挖掘出来并被很好地应用了。

2.倡导合作探究,注重团队合作意识

在常态的地理教学中小组合作探究是常用的学习方法。小组讨论有利于开发学生的认知能力,即探究能力、分析概括能力。一种是小范围的即时性讨论,可以利用这种方法来处理较小的问题,它不在教师的预设范围内,可随机进行;另一种为大范围的既定性讨论,教师在备课过程中已经想到某部分内容靠学生独立自主完成有一定难度,而采用传统的讲授法又会使学生的印象不够深刻,那么可以采用固定的小组进行合作探究。有些问题的解决是否适合采用小组合作探究的方法是值得商榷的,"能源资源的开发"这节课中,笔者也尝试小组合作探究的可行性,后来发现学生对有关能源资源方面的知识储备相对较少,不具备合作探究的条件,最后放弃了这一学习方式。有人说课改之前的课堂是"满堂灌",课改初期的课堂是"满堂问",而现在的课堂是"满堂探究"。过多的合作探究会使课堂看似热闹而实际效率不高,不符合高效课堂的要求。一般认为一节课最多采用一次合作探究,而一次讨论的时间应控制在5分钟以内。

3.进行案例拓展,注重能力升华

只学习单一案例是有局限的,任何典型的案例都不可能包含所有地理规律、原理。即便我们对案例分析的方法进行了提炼,如果没有实践,学生的能力依然得不到巩固、提高。进行案例拓展还有助于培养学生知识迁移、学以致用的能力，这点对高考也很重要。

案例拓展是以某一主题为起点，向其他的区域进行扩展、延伸。拓展的案例有这样几个来源：一是教师整合的案例材料。教师可以结合其他版本的教材案例或是其他现有材料进行整合。例如，讲完"西北荒漠化的防治"后可以给学生提供事先准备好的案例，如"里海的荒漠化""死海的消失"等。二是教师自编案例，需要注意的是牵强运用不典型的乡土案例将会对学生形成误导。三是学生自编案例。例如，学习完"区域工业化与城市化"之后开展"我的家乡怎样发展"的问题研究，按照"收集资料——分析家乡发展的优势与不足——了解其他区域发展的经验并将之作为参考——提出对家乡发展的建议"这一解决问题的思路进行课外案例拓展。需要指出的是，目前时间紧任务重，我们不可能每个章节都这样处理，可以利用研究性学习课，一学期或是几个月进行一次这样的校外实践活动。

学生拓展的案例不能是原有案例的简单重复，进行案例拓展时最好变换成另外一种学习方法，这样可以维持学生高涨的学习热情。

教师需要在案例背景知识铺垫时注重思维养成，在深层次剖析案例时注意思路总结，并且持续优化教学方式。学生需要注重在学习中培养读图能力、合作探究能力、学以致用能力。通过构建高效课堂，我们一定会解决时间紧、任务重、教学目标难以完成的现实问题。

高中地理新旧课标的对比分析
——以自然地理为例

2017 年年底,教育部颁布《普通高中地理课程标准(2017 年版)》(以下简称《新课标》),有别于 2003 年版《普通高中地理课程标准(实验版)》(以下简称《旧课标》)的结构,新课程结构发生了很大变化,形成了"必修 + 选择性必修+ 选修"的模块结构。其中必修包括两个模块(自然地理 + 人文地理),选择性必修包括三个模块(自然地理基础+区域发展+资源、环境与国家安全)。本部分针对新旧课标中的自然地理部分,主要从大体框架、课程结构、内容要求、教学建议四个方面做出比较分析。

一、大体框架比较分析:更注重提供评价依据

《新课标》的第四部分为课程内容,主要由内容要求、教学提示、学业要求三部分组成,主要对应《旧课标》的第三部分——内容标准,后者主要由标准和活动建议两部分内容组成。《新课标》的"内容要求"对应《旧课标》的"标准","教学提示"对应"活动建议",《新课标》增加了"学业要求"的内容,明确了学生完成本模块课程学习任务以后所应达成的学科核心素养,可增强教师教学的导向性,为考试命题、教学评价提供依据。

二、课程结构比较分析:更符合认知规律

在《旧课标》中,自然地理部分内容主要集中在地理必修一中,而《新课标》将自然地理部分划分为地理必修一和选择性必修一两部分内容,地理必修一主要包括比较简单的基础知识点,而一些偏难的知识点则安排在地理选择性必修一,选择性必修一是对必修内容的加深和拓展。

《旧课标》的必修一把自然地理内容全部安排在了一本教材中,但自然地理部分知识逻辑性强,复杂且难以理解,容易使高中学生在初学时对地理产生"多、难、杂"的印象。该部分内容还存在两个问题:一是课时非常紧张,二是有必要增加部分内容。基于这些现状,《新课标》将自然地理部分安排在了两个模块中,内容由简单到复杂,更符合学生的认知规律,能够提高学生学习地理的兴趣。

当然,这样安排也存在一定的缺陷,即改变了知识的逻辑体系,这会让具有丰富教学经验的教师感觉别扭。须知,《新课标》的核心目标已经不再是知识体系,而是学科核心素养,教师需要及时转变观念,适应《新课标》的要求。

三、内容要求比较分析：更注重提供教学依据

1. 增加了一部分内容要求

与《旧课标》相比，《新课标》增加了较多新内容。增加的内容具体有"运用地质年代表等资料，简要描述地球的演化过程""通过野外观察或运用土壤标本，识别土壤的主要形成因素""通过野外观察或运用视频、图像，识别主要植被，说明其与自然环境的关系""通过探究有关自然地理问题，了解地理信息技术的应用"等。

新增加的内容中，部分为自然地理的经典内容，在 2003 年版课标之前就存在于教材中，此次只是重新回归教材，如土壤一节；部分为随着社会、经济的发展而产生的地理前沿方面的内容，如地理信息技术。

2. 内容要求更为具体化

与《旧课标》对比，《新课标》的内容要求更为具体化。例如，《旧课标》中的"举例说明地理环境各要素的相互作用，理解地理环境的整体性"和"运用地图分析地理环境的地域分异规律"，对应《新课标》中的"通过野外观察或运用土壤标本，说明土壤的主要形成因素"和"通过野外观察或运用视频、图像，识别主要植被，说明其与自然环境的关系"，而在地理选择性必修一中又列出一条"运用图表并结合实例，分析自然环境的整体性和地域分异规律"。原来的一条内容分解为三条内容，且给出了实现目标的路径，如通过野外观察、运用图表等，并明确了该目标需要达到的程度，如"说明""分析"等。

《新课标》在使用行为动词（或是指令词）时，均有前置条件，它们都是为其他行为动词提供方法或执行依据。前置条件格式和出现的次数分别是："运用……"16 次，"通过……"5 次，"结合实例"5 次，"以……为例"1 次。这种要求使得教学更为具体，有据可依，而《旧课标》不具备此特点，如表 1-9 所示。

表 1-9　《新课标》必修部分行为动词统计分析

范围	运用	描述	说明	观察	识别	解释	了解	结合	归纳	探究	合计
必修一	11	3	9	3	2	1	2	0	0	1	32
必修二	5	1	9	0	0	2	1	6	1	1	26
合计	16	4	18	3	2	3	3	6	1	2	58

3. 部分内容要求难度加大

《新课标》虽总体来讲难度减弱，但是部分内容要求难度加大。例如，《新课标》地理选择性必修一中的"运用图表，分析海—气相互作用对全球水热平衡的影响，解释厄尔尼诺现象和拉尼娜现象对全球气候和人类活动的影响"。《旧课标》中没有提及这一点，厄尔尼诺现象和拉尼娜现象属于大学课程内容，近年来气候问题越来越引人关注，为了让学生更多地了解一些社会热点的相关知识，同时也为培养学生的人地协调观，《新课标》

在气候中增加了该内容,加大了难度和深度。

四、教学建议比较分析:更注重实践性教学

《新课标》的教学提示对应《旧课标》的活动建议,内容却不一致。《新课标》中的地理必修一更注重教师采用实践性的教学方法,在教学提示中明确指出"指导学生运用体验、观察、观测、实验、野外考察等方式开展地理实践活动",而且在内容要求中也有体现。例如,《新课标》中的"通过野外观察或运用视频、图像,识别3~4种地貌,描述其景观的主要特点"。从难易程度看,《新课标》中的地理必修一比《旧课标》中的地理必修一在内容上知识点偏少,难度偏低,也是为了给地理实践活动留出空间。《新课标》更加重视实践性教学,注重开展实践性活动,在实际教学中培养学生的实践能力,以落实地理学科核心素养中的重要组成部分——地理实践力。

五、结语

结合以上分析可以得出,在自然地理部分,相比《旧课标》,《新课标》在课程内容安排上,根据学生的认知发展做了一定调整,使得课程结构更符合学生的认知规律,在教学建议中,《新课标》也突出强调了问题式教学和实践性教学,以及运用地理信息技术进行教学,这对教师的整体素质要求更高。《新课标》新增的学业要求,也为实际教学提供了一定的评价依据。因此,《新课标》更加贴合现代地理教育水平,能为实际的地理教学提供更好的依据和建议。

整合素材在课堂教学中的应用
——以"产业转移"为例①

教材的更新速度相对较慢,一套教材的使用年限一般长达十几年。当今社会发展日新月异,教材中的有些内容在使用初期可能较好,而使用几年之后,数据便会陈旧,案例可能变得不够典型,这些都会使教材的针对性变差。

另外,学生对于教材中提到的地理区域比较陌生,对其中的地理事物不够熟悉,也使得教材的使用效果大打折扣。为此,授课教师可尝试整合教材,尝试利用乡土案例或是重新整合的素材弥补教材的不足,甚至代替教材。

以产业转移为例,教材以东亚地区服装工业的转移为例进行论述,但学生对这一案例比较陌生,而学生对发生在身边的实例更容易理解,对产业转移产生的影响的感受更为深刻,于是笔者在授课时大胆选用了新的素材以代替教材内容,具体操作如下。

一、创设情境,导入新课

通过演示一段"2012年山东半岛积极承接日本产业转移"的视频素材,创设情境,导入新课。

视频内容:经济导报记者从山东省商务厅获悉,由于强震和核电危机影响,日本部分企业尤其是用电量大的制造业目前仍无法恢复生产,一些高端制造、研发及供应链环节开始考虑向外延伸转移。山东省将采取"走出去"与"请进来"相结合的措施,积极承接日本新一轮的产业转移。

设计意图:结合与家乡发展建设密切相关的乡土素材,能够拉近知识与学生之间的距离,激发起学生的学习热情和求知欲望。

1. 了解产业转移

自主学习,通读课本,完成下面几个问题,然后提问抽查学生完成情况,并归纳正确答案。

什么是产业转移?

产业转移有哪些类型?

产业转移的目的是什么?

设计意图:由于内容难度不大,通过自主阅读课本,以实现知识的掌握。

---

① 此文由发表于《中学地理教学参考》2014年下半月刊的论文改编而来。

[过渡]近半个世纪以来,世界产业转移最活跃的地区是东亚,本课将以东亚为例探讨产业转移的影响因素、产业转移对区域经济的影响。

2.影响产业转移的因素

[知识回顾]东亚有哪些国家或地区?按经济水平给这些国家排队。如图1-5所示为20世纪下半叶东亚劳动密集型产业转移主要对象国(地区)的变化,进行小组讨论并回答下面问题。

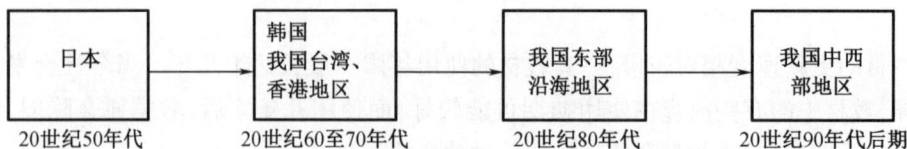

日本	→	韩国 我国台湾、 香港地区	→	我国东部 沿海地区	→	我国中西 部地区
20世纪50年代		20世纪60至70年代		20世纪80年代		20世纪90年代后期

图1-5　20世纪下半叶东亚劳动密集型产业转移主要对象国(地区)的变化

图中反映的是哪类产业?

从经济发展水平角度解释产业转移规律。

为什么一个国家或地区会从转移对象国或地区变成转移国或地区?

[生成探究]近年来,哪些因素导致了东亚产业转移?

设计意图:关注读图过程,加强能力培养,自主构建产业转移的规律。

提供直观图片,设置问题情景,组织讨论,学生自主建构出劳动力因素对产业转移影响。

[过渡]为承接产业而建立的青岛产业园区为了吸引投资,采取了很多有力措施,看下面两个材料。

材料一:青岛产业园区向服务型政府转变。园区实施"一站式服务"政策,完成所有手续办理最快仅用10天。管委会还定期走访企业,调研并及时发现企业困难,征集对管委会工作的意见和建议,针对问题尽快予以解决。

材料二:青岛市政府积极撮合各大院校与企业合作,由政府财政出资积极为企业职工提供培训。青岛将用3年时间,开展有针对性的职业技能培训,提高职工素质,稳定职工队伍,年内将为10万职工提供在岗培训。

[生成探究]青岛市政府为何要花大力气提高服务质量、完善基础设施、培训职工?

[知识生成]降低内部交易成本,吸引外资。

[设问总结]内部交易成本包括哪些方面?

政府政策及办事效率、职工培训、生产联系、基础设施。

[过渡]东亚国家为改善投资环境,降低内部交易成本,最有效的方式就是建立出口加工区。

[读图探究]如图1-6所示为出口加工区企业生产组织示意图,分析下列问题:

出口加工区的生产有什么特点?

为吸引产业转移,在降低内部交易成本方面青岛该如何做得更好?

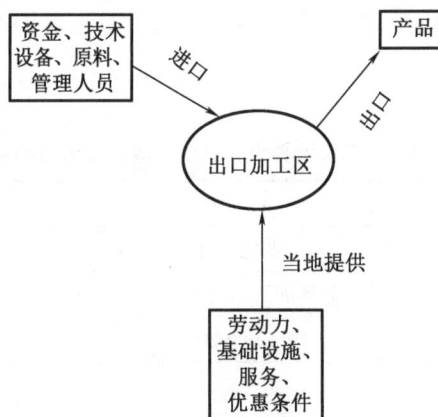

图 1-6　出口加工区企业生产组织示意图

[过渡]近年,汽车巨头蜂拥而至,纷纷在中国投资建厂,如北京现代、西安福特、上海大众、广东本田丰田等。大众品牌进驻中国最早,在中国的品牌知名度很高,2013 年大众在中国所得利润占公司总利润的 64% 以上。

[生成探究]是什么因素吸引了汽车业巨头到中国投资?

[启发引导]如图 1-7 所示为我国汽车销售量的增长(2016—2020 年数据)。

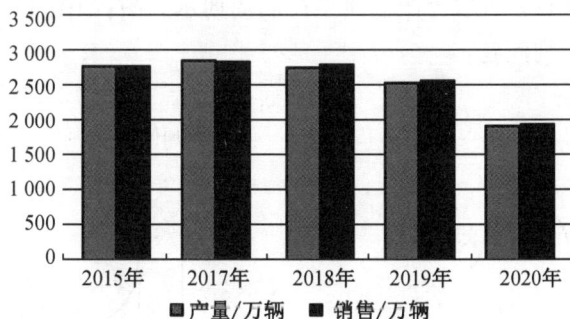

图 1-7　我国汽车销售量的增长

[知识生成]是中国潜在的巨大的汽车消费市场,吸引汽车企业落户中国。

[小结]复习巩固影响产业转移的三个主要因素。

影响企业跨国转移的因素还有很多。国际经济形势的变化,国家政策的调整,原生产地用地紧张、地价昂贵,环境污染严重等,都会促使企业进行产业的国际转移。

3. 产业转移对区域发展的影响

[学法指导]本课中提到的产业转移主要指三大产业中的哪个?分析区域影响时,要从有利和不利两方面入手。

[生成探究]

材料三:如表1-10所示为第二次世界大战以后日本工业结构的调整,思考下列问题:

表1-10　第二次世界大战以后日本工业结构的调整

调整阶段	第一次	第二次	第三次
主导产业	轻工业	重化工业	高科技工业
重点部门	纺织、食品	钢铁、金属加工、机械、炼油、石油	微电子、宇航、生物工程、新材料
年份	1945—1955年	1955—1980年	1980年以后

二战前后,日本在主导产业上有何变化?

为何将轻工业调整为重化工业,之后又调整为高科技产业?日本每次产业结构调整分别花了多少时间?

材料四:1992年青岛产业园获得审批,1994年园区启动,至2010年该产业区内有1 092家注册企业,其中高新技术企业74家。

材料五:2010年,青岛支持的重点产业是生物医药、装备制造等,重点转移产业为轻纺、建材、化工三大传统产业。

从材料中找出青岛产业的发展方向。

[知识生成]产业转移促进区域产业结构的调整。

[读图探究]如图1-8所示为产业典型产品周期示意图;如图1-9所示为产品生产环节的价值链,思考下列问题:

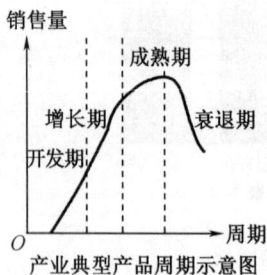

图1-8

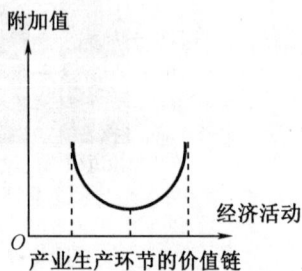

图1-9

产品生产各环节中,附加值有何特点?

发达国家和发展中国家各自的优势是什么?

产业转移中,发达国家最先向外转移的一般是哪个环节,在生产环节中发达国家和发展中国家各自担任什么角色?

[知识生成]促进区域产业分工与合作。

[转承]这种分工方式合理吗?看下列材料。

材料六:商界有一通行说法,"卖产品不如卖专利(技术),卖专利(技术)不如卖标准"。

材料七:欧洲一高档橱窗里售卖的名牌小提琴要价 1 000 欧元,其实它是由中国青岛的一家代工企业生产的,生产这把小提琴的中国工人赚取了 100 元人民币。

[生成探究]青岛在今后产业引进中应注意什么?

[学生活动]产业转移对发达国家和发展中国家地理环境造成了怎样的影响?

总结:

发达国家——环境污染情况得到改善。

发展中国家——接收产业转移的同时也接收了环境污染。

[生成探究]发展中国家在接收产业转移时要注意哪些问题?根据"日本失业率的提高",分析产业转移对区域就业情况的影响。

改变劳动力就业的空间分布。

发达地区增加失业率。

欠发达地区增加就业机会。

[生成探究]既然产业转移会给本国带来负面影响,为何发达国家要不断进行产业转移?

[系统总结]根据所学知识,完成下列表格(表 1-11)。

表 1-11　产业转移对转出地和转入地的影响

产业转移对区域发展的影响	转出地	转入地
有利		
不利		

设计意图:让学生学会运用事实材料一分为二地分析产业转移对转出地和转入地的影响,突破本节课的第二个重难点。

二、教学思考

一是讲解本节课内容时只要牢牢把握住课标要求即可,不必完全拘泥于教材,被教材所束缚。教材只是承载地理规律的载体,只要不偏离课标要求,可选择学生身边的实例予以讲解。本节课在授课过程中不是使用教材原有案例,而是集中于青岛产业发展的历程,无论是对于影响产业转移的因素还是产业转移产生的影响,该案例都贯穿于课堂始终,学生对此情境感受深刻,便于课堂活动的进行。

二是对于乡土素材的整合需要教师的努力。如果所选材料不典型或是整合不好,会有生搬硬套之嫌,效果反而不如按照教材内容循序渐进。

三是在具体讲解过程中可渗透读图能力、分析问题的能力的培养。

利用模拟实验落实地理实践力
——以"大规模的海水运动"为例①

2017年《新课标》明确提出教育的根本任务是立德树人,为落实这一目标,普通高中教学中应注重培养学科素养。《普通高中地理课程标准》提出了地理学科的四大核心素养,即综合思维、区域认知、人地协调观和地理实践力。其中2017年《新课标》所要求的地理实践力主要包括自然地理考察、人文地理调查和地理模拟实验三部分内容。

实验教学在物理、化学、生物等学科教学中早已比较常用,也比较成熟,但在地理学科教学中使用较少,体现为没有成型的地理实验器材、没有固定的实验场所及没有规范的实验操作步骤等。但地理学科教学中,自然地理内容贴近自然,涉及各种地理现象和地理过程,适合进行实验教学。

实验教学可创设条件,模拟自然界的各种地理现象、地理过程。地理现象、地理过程多是在很大的空间范围内,很长的时间阶段内发生、发展的,作为地理实验,可缩小地理空间、缩短时间,直观形象地展现在人们面前。下面笔者将以"大规模的海水运动"实验教学为例进行论述。

本节课我们注重以模拟实验的形式落实地理学科核心素养之一:地理实践力。高中地理教材关于海洋的内容少之又少,本节是关于海洋内容的主要部分。洋流知识相对于学生认知来讲比较陌生,理论性较强。为突破这一难点,我们主要通过模拟实验的形式来认知洋流的形成原因及影响因素。通过风吹动容器中黑芝麻的运动来说明洋流的主要动力——风,通过不同容器说明陆地形状对洋流的影响。模拟离岸风上升流的实验中,设置对照实验,以增强说服力。同时,本节课的重点内容为洋流的分布规律。我们将通过小组合作探究的方式得出理想中洋流的模式图,并总结规律,此后通过不断地增加条件,不断修正规律,进而一步步得出实际大洋中洋流的分布规律。

一、实验教学过程

是什么动力让这么大规模的海水产生流动的?流动过程中又受到哪些因素的影响?我们通过一组实验来加深理解。

---

① 此文由发表于《中学政史地》2020年8月刊的论文改编而来。

二、展示

1. 实验目的

分小组演示洋流运动,探究洋流的成因及影响因素,如图 1-10 所示。

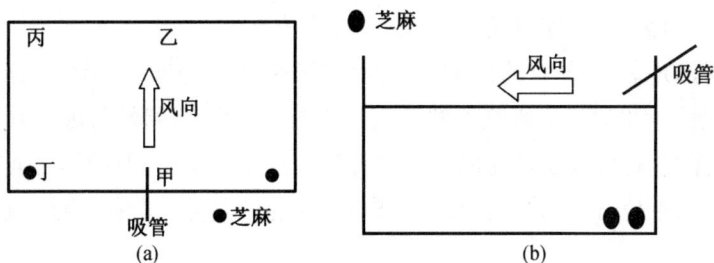

图 1-10　实验示意图

2. 实验器材

每个小组配备两个透明塑料盒(长方形和圆形)、水、黑芝麻、吸管、注射器、墨水、电吹风。

3. 实验要求

小组内两人操作,其他组员观察,共同完成实验报告。

4. 实验过程

步骤一:塑料盒中盛满水,在容器一侧的两个角落各撒一些黑芝麻,用电吹风从一侧向塑料盒另一侧表面连续轻轻吹风,电吹风出风口倾角要平缓。

观察与思考:在长方体容器中倒入三分之二的水,待水平稳之后,在图示区域撒适量黑芝麻,一名同学用塑料吸管在图示对应位置吹气,观察在风的吹拂下,两个角落中黑芝麻的运动方向,在学案上用箭头画出黑芝麻的运动轨迹,并思考甲乙之间、丙丁之间水体运动的原因。

结论:甲乙之间水体运动是因为有风的吹动,水体运动到乙处后,遇到阻挡,分为左右两个分支,而丙丁之间的水体运动是因为丙处水多,丁处水少,水从多处流向少处予以补偿。

步骤二:换为圆形容器,做相同操作。

观察与思考:观察和第一组实验有何不同,我们能得出什么结论?

结论:水流形状不同,前者形成两个长方形环流圈,后者形成两个半圆形环流圈,形状不同是因为所在容器不同。我们可以得出结论——洋流还会受到陆地轮廓形状的限制。

步骤三:用注射器将黑色墨水注射到容器一侧底部,用电吹风对着塑料盒墨水对应表面位置连续大力吹风,观察底部墨水的运动方向。同时,设置一组对照实验,不用电吹风吹动,观察墨水在自然状态下的扩散。

观察与思考:在学案上用箭头画出墨水的运动轨迹,观察两容器的墨水运动是否相同,思考墨水为什么这样运动。

结论:受表面风的吹动,水离开容器边缘,底部的水上升补充。

(过渡:在这些因素的作用下,洋流流动起来,有什么规律呢?)

5.探究洋流的分布规律

探究一:思考除实验探究所得因素外,由于地球自转,洋流流向还会受到什么因素影响?受地转偏向力影响,洋流流动会发生怎样的变化?

探究二:考虑地转偏向力的影响,联系"气压带风带分布图"及补偿流的存在,在图1-11中用箭头画出盛行风影响下的洋流分布图。实线表示暖流,虚线表示寒流。

小组合作探究:每位同学都完成了自己理解的洋流分布图,但同学之间差异较大,下面,我们以小组为单位,讨论并完善自己的作品,并总结其分布规律。该过程中让一名同学在黑板上作图。

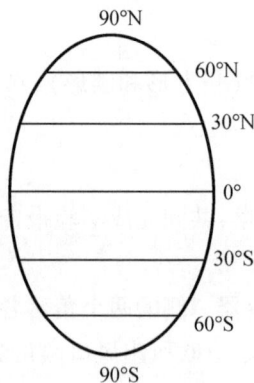

图1-11 操作图

展示学生作品,展示正确的洋流模式图。

哪些是风海流?哪些是补偿流?为什么西风漂流到了这里分成南北两支?

6.学生尝试总结分布规律

(1)南北半球中低纬度各形成一个洋流圈,北半球为顺时针,南半球为逆时针,大洋西侧为暖流,大洋东侧为寒流。

(2)南北半球中高纬度各形成一个洋流圈,北半球为逆时针,南半球为顺时针,大洋西侧为寒流,大洋东侧为暖流。

探究三:在太平洋或是大西洋图中按照洋流模式图画出洋流分布图,与实际洋流图做对比,有何异同?

思考:同学们在绘画过程中遇到了一定困难,北半球还勉强完成,南半球则难以完成,为什么?

小结:北半球洋流虽与洋流模式图基本一样,但不是很规则,原因是受陆地形状的影响。南半球中高纬度并没有形成洋流圈,所以需重新总结洋流分布规律。

7. 总结洋流分布规律

原洋流分布规律(2)改为:北半球中高纬度形成一个逆时针的洋流圈,大洋西侧为寒流,东侧为暖流。

增加规律(3):南半球中高纬度形成了环绕地球一周的西风漂流,性质为寒流。

探究四:利用修改后的洋流模式图及洋流分布规律验证印度洋的洋流 分布,寻找异同。探究北印度洋洋流流向的成因,并画出冬夏季节北印度洋的风向及洋流流向,总结其洋流分布规律。

小结:北印度洋海区洋流分布规律。

增加规律(4):北印度洋为季风洋流,冬逆夏顺。

我们通过不断地增加因素,由一般到特殊,总结出了洋流的分布规律,世界洋流就是按照这样的规律在运转,以流经地区的地名来命名洋流名称。

本节课中利用模拟实验讲解洋流的形成及洋流的分布规律,用各种容器代表大洋轮廓,用电吹风吹出的风代表自然界的风,这种模拟虽然能够表示自然界的相应要素,但还是与自然界中的实际情况存在差异。这种与自然界实际情况的差异要告知学生,以便让学生有一种整体认知。

同时各种地理模拟实验多为验证性实验,学生早已熟知实验结论,实验过程仅为验证已知结论,缺少探索性实验。

作为新课程改革的探索者,我们应积极开发更多的地理实验教学,争取早日让地理实验教学成熟起来。

简析"冷热不均引起的大气运动"

本节课内容主要由大气的受热过程、热力环流和大气的水平运动三部分组成。热力环流是本节的重点部分,既是大气受热过程的拓展延伸,又是学习大气水平运动的基础,还可为学习气压带风带做好铺垫,是整章内容的基础原理部分。同时,热力环流的形成过程和形成原理又是一个难点,很多学生在学习后仍然思维模糊,概念混淆。

一、课标详解

课程标准对本部分的要求:运用图表说明大气受热过程。

本条标准旨在阐明大气的能量来源——太阳辐射,到达地球后的能量转换过程,太阳辐射能的转换及分布不均是引起大气运动的根本原因,也是形成一切大气运动和天气现象的重要原因。因此对本条标准的解读应把握以下内容。

(1)明确大气的热量来源。

(2)认识大气的基本组成及对能量传输与转换的影响。

(3)说明大气的具体受热过程及影响。

(4)阐述冷热不均引起大气运动的基本原理——热力环流。

(5)分析大气的垂直和水平运动产生的地理现象,如降水和风。

二、教材分析

第一,由于大气的受热过程复杂、环节多,涉及许多专业的术语和名词,需补充大气的基本组成及影响,强调三种辐射的性质,厘清太阳、地面、大气和宇宙四者之间的能量转换关系,此为本节的难点。

第二,热力环流这部分内容虽然在课标里没有明确提出,但却是本章的关键部分,要讲清两个问题:一是大气的垂直运动是地面冷热不均产生的(大气垂直运动直接影响天气的变化);二是大气水平运动的原因是大气的垂直运动导致在同一水平面上产生气压差异(大气水平运动直接影响热量与水汽的输送)。

第三,大气的水平运动是对空气运动中水平运动的动力成因的分析。近地面风的形成及风向的变化的内容,也是后续知识"气压带和风带"的基础,水平气压梯度力、地转偏向力、摩擦力的方向等是难点知识。因此,这部分内容虽然在课标中没有具体要求,但也是承前启后的知识和技能,应予以重视。

综合分析课标和教材之间的关系,本节课可分两个课时完成,第一课时重点处理大气的受热过程和热力环流的基本原理,第二课时主要完成对热力环流的拓展,即大气的垂直运动和水平运动产生的地理现象及其对人类的影响。

三、要点详解

(一)大气的受热过程及原理

1. 三种辐射及其性质

辐射的能量越高,辐射波的波长越短。大气受热过程涉及三类辐射,其波长如图 1-12 所示。

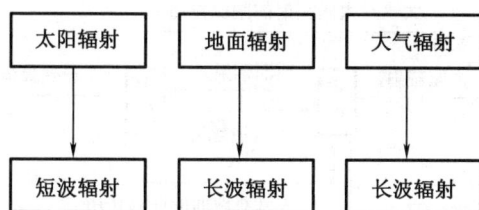

图 1-12 大气受热过程涉及三类辐射的波长

2. 大气的受热过程如图 1-13 所示。

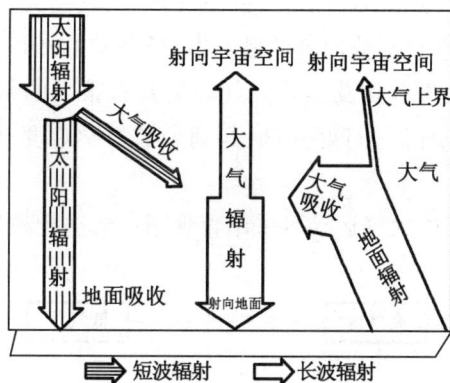

图 1-13 大气受热过程

由图可知:

(1)"太阳暖大地",太阳辐射能是地球最主要的能量来源。太阳辐射在穿过大气层时,少部分能量被吸收、反射和散射,大部分透过大气层射到地面,地面因吸收太阳辐射能而增温;

(2)"大地暖大气",地面增温的同时向外辐射热量。相对于太阳短波辐射,地面辐射是长波辐射,除少数透过大气返回宇宙空间外,绝大部分被近地面大气中的水汽和二氧化碳吸收,使大气增温,地面长波辐射是近地面大气获得热量的直接来源。

(3)"大气还大地",大气在增温的同时,也向外辐射热量,既向上辐射,又向下辐射,其中朝向地面的部分,称为大气逆辐射,大气逆辐射把热量又还给地面,在一定程度上补偿了地面辐射损失的热量,对地面起到了保温作用。

大气的削弱作用和保温作用对地球表面的温差影响较大。地球大气使太阳辐射只有一部分能穿透大气层到达地面,所以地球上白天温度不至于太高。另外,大气吸收地面辐射的能力很强,可将地面辐射的绝大部分能量储存在大气中,当夜晚没有太阳辐射时,大气又以长波辐射的方式补偿了地面辐射损失的热量,从而使地球的夜晚温度不至于太低,这样地球的温差不会太大,适合人类的生存。

大气受热过程中各环节之间的关系如图1-14所示。

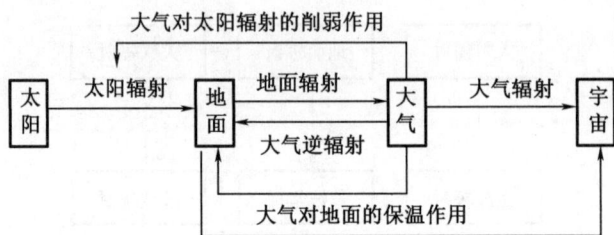

图1-14　大气受热过程中各环节关系图

(二)热力环流

热力环流是由于地面冷热不均而形成的空气环流,它是大气运动的一种最简单的形式,也是学生理解大气运动这部分内容的最基本、最基础的知识和最佳切入口,对于理解由于热力原因而引起的大气运动及学习大气环流具有很大的帮助。同时也为后面学习大气环流(三圈环流、季风环流)打好基础,起到分散教学难度、由易到难、由浅入深的作用,便于学生掌握。

地面冷热不均而引起的大气运动可采用直观图示法进行教学,如图1-15所示。

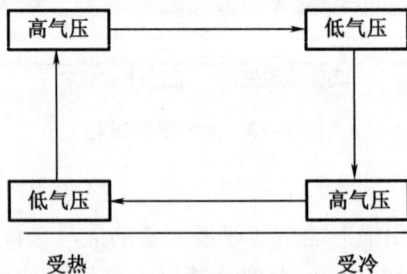

图1-15　大气运动直观图

按照水平方向上冷热不均→大气垂直运动(空气受热膨胀上升或空气冷却收缩下沉)→同一水平面上空气密度分布不均→水平方向上产生气压差异→水平气压梯度力→大气水平运动这一线索,边讲边绘制热力环流基本模式图,如图1-16所示。

| 冷热不均 | → | 垂直运动 | → | 水平气压差 | → | 水平运动 |

图 1-16　热力环流基本模式图

归纳总结热力环流过程中气压分布与气流运动状况之间的关系:高气压、低气压是在水平面上比较得来的。近地面的水平面上,受冷的近地面形成的是高气压,受热的近地面形成的是低气压;在高空的水平面上,受冷地区的高空形成的是低气压,受热地区的高空形成的是高气压。同一地点的近地面和高空气压不用比较,气压一定是随海拔升高而降低。

气流在水平方向上一定是由高气压区流向低气压区,而在垂直方向上不存在这一流动规律,在垂直方向上空气的运动是由冷热不均引起的。

实践探索:通过创设问题情境,使学生自主学习、讨论、探究,并因此获得发展。

在教学过程中,设计一些由浅入深的问题,联系学生身边的一些现象,并借助于现代化多媒体计算机技术,把抽象的大气运动具体、生动、形象地展现出来,便于学生认识发展过程的实现,引导学生积极主动地参与到教学中来,积极主动地获取知识。这样不仅可以激发学生学习的兴趣,提高学习欲望,而且还可以达到培养学生探索问题、发展能力的目标。

(三)大气的水平运动

1.形成风的三种力——水平气压梯度力、地转偏向力、摩擦力

(1)水平气压梯度力

地表受热不均,使同一水平面上产生了气压差异,单位距离间的气压差叫作气压梯度。只要水平面上存在着气压梯度,就会产生促使大气由高气压区流向低气压区的力,这个力就是水平气压梯度力。在这个力的作用下,大气由高气压区向低气压区做水平运动,这就形成了风。因此,水平气压梯度力是形成风的直接原因,其方向垂直于等压线,由高压指向低压。

(2)地转偏向力

由于地球自转,地球表面的物体在沿水平方向运动时,其运动方向发生一定的偏转,我们把促使物体水平运动方向产生偏转的力,称为地转偏向力。其方向为:在北半球向右偏转,在南半球向左偏转。地转偏向力的方向总是与风向垂直,只改变风的方向,不能改变风速大小。

(3)摩擦力

摩擦力是指地面与空气之间及运动状况不同的空气层之间互相作用而产生的阻力,其方向总是与风向相反。因而摩擦力不仅能改变风向,而且能减小风速。

2.两类风——高空风和近地风

(1)高空风

高空大气的风向,是水平气压梯度力和地转偏向力二力共同作用的结果。风向与等

压线平行,如图 1-17 所示。

(2)近地风

近地面大气中的风向,是水平气压梯度力、地转偏向力和摩擦力三力共同作用的结果。风向与等压线之间成一夹角,如图 1-18 所示。

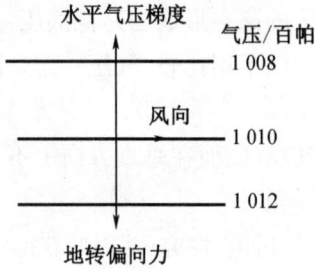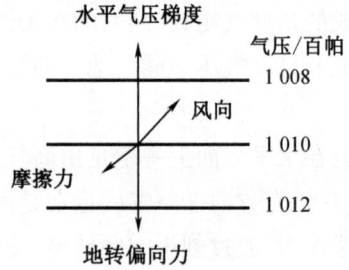

图 1-17　高空风　　　　　　　　　图 1-18　近地风

四、知识结构

通过上述分析,可归纳总结"冷热不均引起的大气运动"的知识结构,如图 1-19 所示。

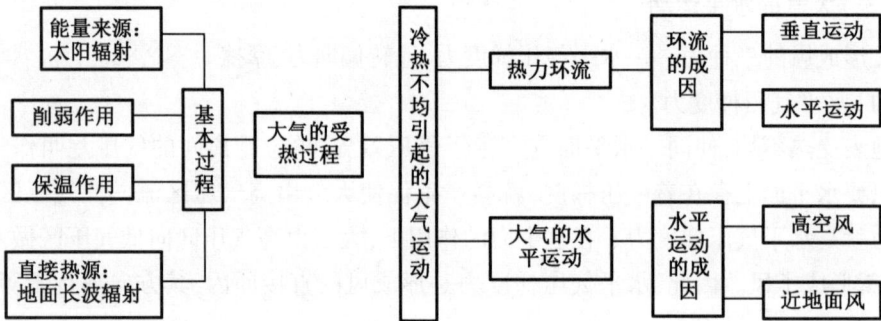

图 1-19　知识结构图

2 高考试题研究

2020 年高考地理试题考前猜想及考后解密

2020 年的高考终于临近了,奋战了高中三年、深耕了高三一年的地理教学,将会迎来一份怎样的地理答卷呢?

笔者在此根据山东省两次模拟卷的情况,大致猜测 2020 年的高考试题,待高考试题揭开面纱之后,比较有多少相似之处。

选择题基本保持自然地理与人文地理平分,可能略偏重自然地理部分,猜测有 8 道自然地理试题,7 道人文地理试题。(实际情况:与猜测基本一致,自然地理包括 1、2、7、8、9、10、13、14 共 8 道,人文地理包括 3、4、5、6、11、12、15 共 7 道。)

自然地理的 8 道试题应该会分布于大气运动(实际情况:无此内容,综合题有所考查,考查了天气系统)、水循环(实际情况:第 9、10 题考查了湖泊的补给类型及特点分析)、地质构造或是特殊地貌(实际情况:第 1、2 题虽不是特殊地貌范畴,但是是与地质有关的地质灾害问题)、地理环境的整体性与差异性(实际情况:第 13、14 题考查山地垂直地域分布问题,不同地区山地的同一自然带分布问题)等考点。从其中选择三个点命制三组试题。命制一道应用型的地球运动地理意义的试题可能性也是很大 的(实际情况:的确考查了地球运动的内容,第 8 题:同一纬线昼长相等、日出时间计算问题、地方时的计算问题)。三组试题都是考查地理基本规律和基本原理,学生会感到既熟悉又陌生,熟悉是因为原理与规律是反复强调过的,而陌生是因为将其放到了不太熟悉的情境之中,或是所涉及区域陌生,或是加入了特殊元素,超出正常认知。个人感觉大气部分的内容更倾向于考查天气系统(实际情况:本套试题的确是考查了天气系统,但是不是选择题,而是综合题,第 17 题,共 14 分,本道题的得分率极低)。地质构造或是特殊地貌可能会涉及新名词,或是采用学术探究情境来命制试题,有一定难度(实际情况:没有考查)。近几年对地理界线的考查有所增多,不断刷新人们对地理界线的认知,极大可能选择一个处于地理界线附近的区域作为试题考查的核心区域(实际情况:没有考查)。

自然地理的试题可能出自人口(实际情况:第 3、4 题考查人口迁移,城市化对农业的影响问题)、城市(实际情况:第 5、6 题考查同城化问题、城市之间的影响问题)、交通(实际情况:没考查交通问题)等内容相关的章节。特殊人口现象牵扯出人口概念,考查学生对于新概念的理解,同时考查学生对统计图表的认知。城市部分可能集中于近几年开始出现的城市问题,这一问题的产生一定是基于人类改变了地理环境,同时体现出人类解决城市问题的超常智慧。借助当前国家重大工程建设成果,考查相关问题。农业、工业可能更多在综合题中考查。如果综合题注重农业试题的考查,则选择题中会出现工业或是产业的问题(实际情况第 11、12 题考查了产业问题,上汽的扩张发展历程)。

选择题的难度不大,6~7 道简单题,6~7 道中档题,2 道中档偏难的题,1 道特别难的题。能保证一部分学生得满分,同时会有一定的区分度(实际情况:选择题的难度比预期的难度要大些,2 道难度很大的题,2~3 道中档偏难的题,很难得满分,选择题可能将成为拉开分数的主要所在)。

综合题所选择的区域为一个国外三个国内(实际情况:所选区域 2 道为国内区域、2 道为国外区域,当然第 17 题与所在区域关联不大)。可能有 2 道生产活动的试题,如农业工业(实际情况:只有第 18 题是关于农业的),一个生态环境建设的(实际情况:第 19 题考查了黄土高原地区的水土流失),一个纯自然地理的试题,如区域自然地理环境演变、环境特征等(实际情况:第 17 题为纯自然地理的试题,但不是区域自然环境演化)。试题对核心素养的落实将会非常明确,综合思维,特别是综合思维中的要素综合,一定会在某些综合题的第一、二设问中有所体现(后续会专门从核心素养的角度分析各道试题)。人地协调观的考查也会较多,侧重自然地理环境对人类的影响、人类活动导致环境变化进而影响人类自身等。

不排除基于地理实践力而命制的创新型试题,比如类似于临沂二模第一组选择题那样的试题(个人认为很难出现考查地理实践力的创新题,但是学生会对一些新的角度感到措手不及)。

聚焦于环境脆弱区的产业活动试题,其设问的顺序基本是沿着冲突矛盾、不利影响、追求协调的思路展开设问。试题答案的得分点为一个知识点 2 分,需要回答的知识点并没有增多,所以在文字量、图表的类型和数量上会多一些。

大部分设问将会比较常规,但是也一定会存在两到三个设问很难找到突破口,语言的规范性将是拉开分数的主要原因所在,答题规范至关重要,尤其是概念的规范使用最为重要(实际情况:因为规范性问题,学生丢失了很多应得的分数,比如气团写成气流,降温写成遇冷等,学生付出了"惨痛代价")。

上述文字大部分是根据山东省第一、第二次模拟考试总结提炼出来的,高考的真实情况未必如此,甚至可能南辕北辙,待高考试题的面纱揭开之后,我们再仔细对比,看有哪些不同。上述文字均是猜测,切勿给学生传递"一定是这样"的信号,以免造成误导。

(本文写于 2020 年高考前夕,文中括号内的部分是作者认为猜中的部分,命题者的水平很高,需要学习的地方还有很多)

从核心素养的角度分析
2020 年北京市高考地理试题

北京市 2020 年高中地理等级性考试试题公布较晚,近期终于揭开了其神秘的面纱。北京的试卷有其自身特点:难度小,考查高阶思维少,情境简单,综合程度低,综合题将图文材料分解到每一道设问中,设问简单直接,且一定会存在某一设问为旅游地理的内容。基于这些特点,北京的试卷对山东考生的借鉴、参考价值不大,可以作为大考、难考之后找回信心的一次练习。但作为高中地理教师,还是应该仔细研究北京试卷的命题特点,尤其是从核心素养、新课程理念落实、新高考评价体系的体现等方面多多研究它,毕竟是北京市的高考试题,对这些前沿的东西体现得比较多,它的今天,可能多少有我们明天的影子。

地理学科四大核心素养:综合思维、区域认知、人地协调观、地理实践力。2020 年北京卷试题对核心素养的考查分值分配如表 2-1 所示。

表 2-1　2020 年北京市高中地理等级性考试核心素养分值分配

核心素养	分值分配	素养内涵	题号	分值
综合思维	33 分	要素综合	1、3、7、8、16(2)、20(2)	20 分
		时空综合	4、10、18(1)	10 分
		地方综合	20(3)	3 分
区域认知	30 分	区域特征	2、6、14、16(1)	14 分
		区域条件	17(2)、19(1)	9 分
		区域发展	12、19(2)	7 分
人地协调观	36 分	地对人	11、13、17(1)、19(3)	14 分
		人对地	15、16(3)、17(2)、20(1)	15 分
		人对人	9、18(2)	7 分
地理实践力	6 分	—	5、17(3)	6 分

部分试题考查的是地理学科素养,但不一定是核心素养,比如读图绘图等;各核心素养并非孤立,相互间存在交叉,部分试题考查了多个核心素养,导致分数相加超过总分100 分。

一、地理实践力

广义的地理实践力范围很广,文字信息的提取、图表的阅读、设问的理解等,都可以认为是地理实践力,但地理学科核心素养认定的地理实践力仅包括三方面:人文地理、自然地理的考察、实验室的模拟实验,高考试题纸笔考试的方式注定了地理实践力的考查很困难,所以关于地理实践力的考查较少,但不是没有。从地理实践力这一核心素养中自然地理考查的角度讲,绝不仅仅包括为研学做哪些准备,采取什么步骤,看到哪些现象,看到现象后引发哪些思考也是至关重要的一环,如题17(3)。

二、综合思维

综合思维包括要素综合、时空综合、地方综合。要素综合就是自然地理环境的整体性问题,即地理环境各要素相互联系、相互制约、相互影响。时空综合即某一地区不同时间阶段的发展变化或是同一时间不同地区异同的比较。地方综合即一个地方的地理问题影响其他地区或受其他地区影响,比如河流下游的洪涝和泥沙问题不仅仅是下游的问题,而且与河流中上游关系密切,所以该问题的治理也就不仅仅是下游自身的问题,而是与其他河段密切联系,各区域存在关联。

三、区域认知

区域认知包括区域特征、区位条件、区域发展三方面内容。每一个地方都存在于一定的区域之中,区域有区域的特征;开展农业、工业、城市、交通等活动,需考虑区位条件,区位因素分析属于区域认知范畴;一个区域要进行发展,无论是生态脆弱区的环境发展、落后地区的产业发展,还是发达地区的产业升级,都属于区域发展问题,同样属于区域认知的范畴。

四、人地协调观

人地协调观包括地对人的影响、人对地的影响、人对人的影响。按照这个逻辑关系,还应该存在地对地的影响,但它应该归为综合思维中的要素综合。具体归纳如表2-2所示。

表2-2 从学科核心素养的角度对2020年北京高考地理试题进行解析

题号	核心素养	素养解析	水平等级
1	区域特征	各省级行政区自然环境特征差异较大,导致农作物种类不同,此处需要了解各省的地理环境,理解地理环境对农作物的影响,可以认为是要素综合,也可以认为是区域认知	水平2(多要素,多区域)
2	区域特征	该处需要了解各区域的地理环境,此处山脉为南岭,对于南岭这一区域的特征应该有所掌握,包括其地形、气候、河流等各因素的特征(近几年关于地理分界线的考查较多)	水平2(单一区域,多要素,不同时间阶段)

表 2-2(续1)

题号	核心素养	素养解析	水平等级
3	要素综合	化石分布在沉积岩中,是沉积物在沉积过程中夹杂的生物遗体经长期地质作用演化而来的。涉及时空演变,要素关联。同时,该题可以认为是自然地理考察中的问题设计,也可看作地理实践力的考查	水平1(单一要素,简单关联,思维水平低)
4	时空综合	图中各地质构造的形成过程是怎样的,各地质作用形成的先后顺序又如何?涉及不同时间阶段的过程变化,属于时空综合,题目中也存在要素综合	水平3(多要素,不同时间阶段,情境复杂,有演化过程)
5	自然考察	对某一时间太阳辐射这一单一要素的变化进行读图识别(该情境特别简单,不是一个有价值的问题)	水平1(单一要素,变化简单,关联较小)
6	区域特征	哪一个区域会具备这种变化特征呢?结合图中辐射量的变化和数值大小,依据太阳辐射最大值出现的时间可进行判断。当然,该题也可以认为是经度影响了出现最大太阳辐射的北京时间,属要素综合也可	水平2(两种素养,时空差异,思维高阶)
7	要素综合	该题考查了地理环境中哪些因素影响了降水,同时还有特定的时间阶段问题。既有时空综合,又有要素综合	水平3(特定时空条件,多要素之间的相互影响)
8	要素综合	依据图中等压线判断天气系统,进而判断风向、温度、天气状况等,属于基本地理原理的考查。高压处、低压处空气将作何运动,产生哪些影响等	水平2(多要素,同一时间阶段,同一区域,关联简单)
9	人对人	该试题为人类活动对人文环境的影响。因为该地区为办公区,工作日白天办公,夜间下班,所以导致该地区昼夜的人口密度差别很大	水平1(简单影响,情境熟悉)
10	时空综合	该试题实质是考查两个不同时间阶段的社会经济数据发生变化及据此推测可能的原因或可能的影响。该试题也可以认为是人文地理中社会调查之后的数据处理与分析,属于地理实践力也可	水平3(多要素,不同时间阶段,综合程度高)
11	地对人	该题属于地理环境对人类活动的影响,即银西高铁陕西段的自然地理环境特征对铁路的影响,也涉及区域特征	水平2(多素养,多要素影响)
12	区域发展	该题考查高铁修建之后对沿线地区的影响,尤其是如何带动这一区域的经济发展,涉及区域发展问题	水平2(多要素,关联简单,综合性弱)

表 2-2（续 2）

题号	核心素养	素养解析	水平等级
13	地对人	该题考察地理环境对人类的影响。布温迪国家公园作为世界自然遗产,其环境具备什么特征,哪些特征最吸引游客?	水平 3（区域特征对人类的影响）
14	区域特征	依据图文等资料,判断该国家地理环境特征	水平 1（信息详细,能力要求低）
15	人对地	人类生产的塑料产生了重大污染问题,为了更好地服务生产,同时减少对环境的影响,人们又制造出了生物塑料,这一改变将对环境产生哪些影响?前后不同阶段存在哪些差异?	水平 2（情景简单,信息铺垫充分）
16 (1)	区域特征	该题主要考查学生阅读图表、组织语言的能力。涉及区域特征,尤其是主干知识中的地形特征	水平 1（情境简单,区域单一、特征简单）
(2)	要素综合	该题考核和评价地理实践力与要素综合。绘制统计图可以认为是自然地理考察之后的数据处理,说出二者的关系可以认为是数据分析。二者的关系属于要素间的相互影响,侵蚀量大导致输沙量也大,属于综合思维中的要素综合	水平 2（简单的图片转换,两要素相互之间的简单影响）
(3)	人对地	该题考查人地协调观之人类对地理环境的影响。为减少水土流失,依据该区域的实际特征,探讨可以采取哪些可行的措施	水平 2（情境熟悉简单,信息铺垫充分）
17 (1)	地对人	该题考察地理环境对人类的影响。该地区特殊的自然地理环境使得可以采取这种方式种植蔬菜,或者认为这是人类对该地区特殊的自然地理环境因地制宜进行农业生产的结果	水平 2（要素单一,影响简单）
(2)	区域条件,人对地	该地区拆船业集聚的区位条件有哪些?主要是工业区位问题。这种产业对地理环境会产生哪些影响?这一问题主要是不利影响,且主要集中在环境方面（该道大题不够完整,设问间关联度小,每个问题都不完整,没有完整的思维链,会导致学生答题逻辑混乱）	水平 2（设问简单,思维能力要求不高）
(3)	地理实践力	该题主要考查学生读图能力,此图为三维坐标统计图,各坐标轴的延伸方向与日常熟悉的情况不同,导致难度加大。该题可以认为是对获取的地理信息数据进行处理和分析	水平 2（坐标轴方向特殊,且是三维坐标）
18 (1)	时空综合	随着黄河挟带泥沙入海,导致入海口地区发生一定变化,涉及不同时空各要素的相互影响,并涉及一个复杂地理事物的发生、演化过程	水平 3（多要素影响莱州湾湾口,不同时空的地理事物演化过程）

表 2-2(续 3)

题号	核心素养	素养解析	水平等级
(2)	地对人	评价交通运输方式的优缺点,就是回答交通这一因素对人类的影响,包括运量、运费、灵活性等方面的优缺点	水平 2(要素单一,影响简单)
19 (1)	区位条件	要回答该区域发展主导产业的区位优势,则需要明确区域特征及这些特征对主导产业的有利影响	水平 2(设问简单,图文信息齐全,思维含量不高)
(2)	人对人	建设该园区属于人类活动,考查这一活动对当地社会经济的积极作用,实质内容是人类活动对人类自身的影响	水平 2(模板化明显)
(3)	地对人	该题内容上属于旅游地理,实质是地理环境对人类的影响,素养上属于人地协调观	水平 2(要素单一,影响简单)
20 (1)	人对地	该问题依然考查人地协调观。旅游业属于人类活动,人类活动对当地地理环境的影响包括有利影响和不利影响,发挥有利影响,减少不利影响,从而实现人与环境可持续发展	水平 2(要素少,影响直接)
(2)	要素综合	该地区的植被类型是地理环境多要素综合作用的结果,其生长季节,无不受自然地理环境的影响,生长的月份受温度高低的影响	水平 2(要素少,影响简单明了)
(3)	综合思维	既有地方综合,又有要素综合。甲乙两地地理环境存在差异,由材料可知,主要是积雪差异导致的,进一步分析两地积雪存在什么差异及积雪对冻土产生什么影响	水平 2(要素较少,情境熟悉)

从核心素养的角度分析
2020 年山东省高考地理试题

2020 年高考是《中国高考评价体系》发布之后的第一届高考,本届高考就是在新的高考评价体系指导之下命题组织的。新的高考评价体系要求从"一核四层四翼"的维度指导高考命题,同时让高考具备立德树人、服务选材、指导教学等三大功能。国家注重价值引领,高校注重选拔人才,而我们高中特别看重高考引领教学的功能。

山东省作为高考改革试点省份之一,且是参加高考人数最多的试点省份,其第一年的高考试题参考意义更大,它对于今后的教学及高三复习具有非常深远的指导意义,值得仔细研究和分析。下面重点从核心素养的角度分析 2020 年山东省高考地理试题,以便服务今后的高中教学及高三备考。

地理学科四大学科核心素养:综合思维、区域认知、人地协调、地理实践力。如表 2-3 所示。

表 2-3　山东省 2020 年学业水平等级性考试地理试题分值分配

核心素养	分值分配	素养内涵	题号	分值
综合思维	40 分	要素综合	1、7、8、9、10、14、16(1)、17(2)、19(1)	40 分
综合思维	19 分	时空综合	2、19(2)	7 分
		地方综合	13、15、16(2)、17(3)	12 分
区域认知	12 分	区域意识	6	3 分
		区域条件		
		区域发展	5、11、12	9 分
人地协调观	22 分	地对人	3、18(3)	9 分
		人对地	18(2)、19(3)	10 分
		人对人	4	3 分
地理实践力	7 分		17(1)、18(1)	7 分

关于地理实践力的考查:

地理实践力包括三方面,即人文地理的调查、自然地理的考察、实验室的模拟实验。高考试题中的纸笔考试方式注定了地理实践力的考查很困难,所以涉及分值很少,但不是没有。

第5~6题:安徽各中心城市公路客流状况。

此题可以认为是人文地理的调查。通过调查安徽省各中心城市之间的公路客流方向,得出一系列数据,将所得数据转绘成图表,根据图表分析可能提出的问题。这组数据对于今后要推进的同城化很有指导意义,如第5题:下列城市组合中,最适宜推进同城化的是?第19题:中学地理研学小组研学西柳沟水土流失。

这属于自然地理的考察。但是该题只是借助研学这样一个情境,具体考查内容与地理实践力关联不大。可能更多的是看到已知的现象去分析问题,如"从外力作用的角度分析西柳沟高含沙水流的形成原因""研学小组从所绘图中进一步发现,西柳沟3月的流量与7月、9月的相近,但3月的输沙率却小得多。分析形成该现象的原因"等,这似乎已经是地理实践力在当前命题技术下所能考查的主要形式了。

从地理实践力中的自然地理考察角度讲,试题所考查的绝不仅仅是为研学做哪些准备,采取什么步骤,看到哪些现象,看到现象后引发哪些思考也是至关重要的一环,第19题就是这样考查的。在高考试题中,如何考核学生的地理实践力是一个难点,各方都在寻求突破,应多关注这一方面的动向,如表2-4所示。

表2-4　从学科核心素养的角度对2020年山东省高考地理试题进行解析

题号	素养类型	难易程度	具体解析
1	要素综合	较难	判断地质灾害的方向,其实是考查地质灾害对其他各要素,诸如河流、交通、阶地等因素的影响。符合综合思维中要素综合的考查范畴
2	时空综合	中等	对图中各现象发生的先后顺序进行排序,其实是对该地区发生地质灾害前后的变化进行梳理,即同一地区不同时间阶段的前后比较,符合综合思维中时空综合的考查范畴
3	人地协调之人对人	易(情境贴近实际)	考查耕地杨树化的原因。耕地杨树化其实是农业生产发生变化,其原因是农业区位因素发生变化,归根结底是因为小王夫妇受经济因素的影响,为获得更多经济收入,外出打工,投入农业中的劳动力少了,农业的产出已经不再是主要经济来源了,农业生产中什么类型投入少,就发展什么类型的农业生产。这是社会经济发展导致其他产业收入提高而对农业发展产生的影响,是人对人的影响,属于人地协调范畴,又涉及同一地区不同时间段发生的变化,也属于综合思维中时空综合的范畴
4	人地协调之人对人	较难	耕地杨树化问题极有可能会导致耕地荒废,甚至可能影响粮食安全问题,针对这一影响农村发展的新问题,我们应该采取哪些措施呢?这属于人对人的影响,依然是落实人地协调观这一核心素养

表 2-4(续 1)

题号	素养类型	难易程度	具体解析
5	区域认知之区域发展	较难	是否适宜推进同城化,主要看城市是否紧邻,两个城市间公路客流是否大。满足这两个条件的城市如果推行同城化,可取得长足发展,这是一区域协调发展的问题,属于区域认知中区域发展的范畴
6	区域认知之区域意识	中等	滁州距离南京很近,且南京市经济发达,对滁州市的辐射带动作用较强,所以南京市是滁州市首位客运流向没有问题。问题是距离滁州市较远且对滁州市辐射带动作用不大的合肥市作为次位客运流向,客流量与发往南京的差别不大,为什么?从行政区划的角度分析这一问题就不足为奇了,合肥市作为安徽省的省会城市,在行政上与滁州市的关联更为紧密,这就是所在区域尤其是行政区域的影响,分析问题应该有区域意识,行政区域划分是一种很重要的区域划分,影响深远
7	地对人、要素综合	中等	测绘珠峰高度,属于自然地理的考察,在测绘登顶珠峰的路线中,确实存在一个真实的问题:高寒缺氧。针对不同地形特征,哪个地方最容易空气流通不畅,引起高寒缺氧,被称为"魔鬼营地"呢?这是在科考之前就应该考虑的问题,是一个地理人应该具备的实践能力,属于必备素养
8	要素综合	较难	经度不同导致地方时不同,同一纬线上的昼夜长短是相同的,所以就地方时来讲,当地都是同一时间日出,同一时间日落。但是,海拔高度对昼夜长短也有影响。珠峰顶部海拔高,站得高看得远,更早看到日出,更晚看到日落,所以昼长比同纬度其他地区更长。该题涉及多因素、多区域,影响较为复杂,且距离生活实际较远,所以难度较大
9	要素综合	中等	该题考查湖泊的补给来源,实际属于当地地理环境各要素对湖泊的影响问题,属于地理环境的整体性知识,同时考查学生的综合思维中的要素综合问题。该地并没有较大河流注入湖泊,只有河流流出;该地海拔不足以产生冰雪融水;受地形影响,该地降水有限,且雨水也多是汇聚成河流再补给湖泊,所以降水对河流补给有限。依据材料"该湖是沿断层形成的典型构造湖"且两湖湖面有落差,可推理该湖主要补给类型为地下水补给
10	要素综合、区域综合	中等	该题考查湖泊中地理环境各要素对湖中鱼类的影响。两湖泊在水温上差别不大,奥赫里德湖水更深、水量更大,理应渔产丰富,实际却相反:两湖的透明度存在差异,即水质存在差异,水质直接关系到鱼类饵料问题,故 推断影响渔产的主要因素是水质。本题涉及多个要素之间的相互影响,同时涉及不同区域的差异比较,考查的是综合思维中的要素综合和地方综合

表 2-4(续 2)

题号	素养类型	难易程度	具体解析
11	区域发展	中等难度	本题考查产业转移的目的,也可以认为是区域工业发展问题。上汽经历了本地多样化过程,什么是本地多样化?本地多样化是指在本地建立了价值链中的各个环节,各环节都在本地,这样将能够满足生产需要。这涉及产业发展问题,该问题属于区域认知中的区域发展问题
12	时空综合	较难	企业在扩张中,有不同的发展阶段,有的环节发展较早,有的环节发展较晚,存在差异是有原因的。总部的位置不会变,而且非常确定会在市中心;根据城市布局原则,汽车的销售应该放在市中心的边缘地区。就研发和制造环节而言,制造环节首先是对外扩展,其次是研发部门;但是,就制造和销售而言,应该是销售环节先对外扩展,且其销售部门应该遍布全国各大城市,而不应该局限于江苏等周边地区,该题在这一方面值得研究。关于工业发展过程问题,可以认为是不同时空发展演化的问题,即时空综合
13	地方综合	中等	两个不同地区,因为环境不同,导致针叶林这一同一植被存在差异,依据材料进行分析,需要综合该地区地理环境的整体特点
14	要素、地方综合	较易	黔桂喀斯特山区的地理环境是一个整体,各地理要素共同作用,使得针叶林的面积更大,在形成这一特点的过程中,到底是什么因素起了最大的作用?实际涉及各自然地理要素对植被的影响问题,多要素影响一要素
15	地方综合	较易	两个山区农田上限存在什么差异?太行山区农田上限为 1 800~2 000 米,而黔桂山区农田上限超过 2 800 米,太行山上限为什么低?是因为太行山所在地区纬度高,相同海拔温度低,热量较少,主要影响因素是热量,与水分的关系并不密切。该题考查的是不同地区环境差异及其影响,以及对人类的影响,所以涉及地方综合、要素综合及人地协调观中地对人的影响
16 (1)	要素综合	较难	本题主要考察地形、地质对湿地形成的影响。是两要素对湿地这一整体环境的影响,与该地区整体环境有关。该地区是什么地形?回答地形问题应该从地形类型、地势起伏等方面表述:①该地为盆地地形,湿地所在地区四周高、中间低,利于汇水;②该地西南高、东北低。使得河流向湿地所在地区汇水;③地质角度,该地多断层发育,利于形成地下水出口,带来水源。两要素从多方面对环境产生影响,该试题情境相对简单

表 2-4(续 3)

题号	素养类型	难易程度	具体解析
(2)	地方综合	中等	湿地具有众多的生态功能,上游的生态环境对下游的水库有哪些影响?此处为上游地区影响下游环境,两个地区相互影响,属于地方综合。该题为多要素多空间区域相互影响的问题
17 (1)	地理实践力	难度较大	学习地理应该具备学科方法与技能。在进行地理资料的收集之后要进行分析、整理,依据资料特点进行绘图,这属于绘图能力或是图表阅读能力,冷暖锋等地理基本知识要掌握牢固并能够灵活运用。学科素养不仅仅是核心素养,还应包括多种素养,而素养最终通过能力体现出来
(2)	要素综合	中等	本题考查降水的基本原理,同时考查学生对基本原理灵活运用的能力。之所以产生降水,是因为存在气团上升,上升过程中降温,产生降水。该题目中主要涉及哪些因素影响降水(该题虽然难度不大,但学生得分普遍较低,丢分主要是因为答题不规范。这种不规范是怎么导致的呢?教材中并没有关于降水原理的基本解释,课标中亦没有相关叙述,学生的语言不够严谨)
(3)	要素、地方综合	难度较大	本题涉及地形对气团性质的影响,进而对天气系统构成影响。图示不同地区分别存在什么地形,对经过地区的气团产生什么影响,最后导致干线的形成。涉及多个要素,不同时空,某一地理事物的发展、演化过程,需要描述地理事物的形成过程
18 (1)	地理实践力	难度中等	本题考查学生的概括归纳能力,根据图中给出的降水多少,总结降水的季节变化特征。同时可以认为是对自然地理考察资料的处理,属于地理实践力。之所以存在丢分现象,是因为归纳不全面、不规范
(2)	人对地、地方综合	中等	可可幼苗喜阴,需要给它遮阳,可可幼苗前 5 年不结果,此时需要通过其他方式获得收入;该生产活动还包括可可种植与薯类谷物种植交替进行。可可幼苗与谷物混播是植物对地理环境的适应,是人类对地理环境的合理利用,这是地理环境对人类的影响,人对地理环境的合理改造,属于人地协调观的范畴。同时,该题涉及两个地区,北部草原区和可可种植区的问题,亦属于地方综合
(3)	地对人	中等	该题同样属于地理环境对人的影响。采摘时需要迅速采摘并及时晾晒的特点决定了该生产活动需要大量的劳动力,同时,北部草原区正值农闲季节,有大量的剩余劳动力。回答该问题时需特别注意主要设问的限定词

表 2-4(续 4)

题号	素养类型	难易程度	具体解析
19(1)	要素综合、时空综合	较难	本题需要回答高含沙水流的沙是从哪来的,也就是沙的来源问题,依据限制条件,应该从外力作用的角度回答。此处的外力作用主要是风力和降水。涉及多要素,风力、降水、河流、高含沙水流等因素;涉及多个区域,风力侵蚀区和流水侵蚀区等,以及不同地区之间的联系。试题难度较大
(2)	时空综合	较难	两个流量较大的阶段,输沙率截然相反,为什么?应该从两个阶段较大流量的原因说起。两个流量产生的时间不同,原因也不同,这才导致输沙率不同。本题涉及同一地区不同阶段,并非学生熟悉的探究情境,难度较大
(3)	人对地、地方综合	中等	因为人类的不合理活动导致了水土流失、黄河含沙量大这一问题,说明人类对地理环境的影响是巨大的,既然人类活动是导致这一问题产生的主要原因,那这一问题的解决,也应该从人类活动入手。同时,虽然是针对同一问题,但是不同地区应根据自身特点,采取不同的措施

  与全国试卷相同,山东试卷对综合思维的考查比例是最大的,从省模拟考及其他考试来看,对人地协调观的关注程度也非常高。同时,部分题目主要针对学生的基本能力,很难归到哪一核心素养,或者是除核心素养外,还涉及一般的学科素养。部分试题因为特别强调规范性,导致试题的分选性不合理,不同学生失分情况差别不大。真正不会和会但不规范的都归到一类了,这些问题在教学中应采取不同的措施予以解决。

从对比分析的角度看济南市一模试题

　　地理试题中存在很多的比较类问题,或称为对比分析类问题,利用比较的思维去审视试题也是突破试题的一个重要角度。一套试卷中,90% 以上的试题都可以划归为比较类问题。当有些问题正面突破较困难时,一旦找到比较对象进行对比分析,试题将迎刃而解。下面从对比分析的角度来审视 2020 年济南市一模试题的综合题。

　　比较类问题分为两种情况:一为明比(明显的比较),二为暗比(隐藏的比较),其中明比较少,暗比较多。

一、本套试题中明显的比较类题目

　　17(1)与深圳相比,说明武汉吸引光通信产业集聚的区位优势。(6 分)

　　解析:时刻在比较的前提下寻找区位优势,组织语言也需时刻体现出比较的意味。

　　19(1)半干旱区通常是流水和风两种地貌外力共存区,一般风力影响更大。但库布齐沙漠水草丰美时期,营造该地区地表形态的风力作用明显比流水作用弱。请对此加以解释。(6 分)

　　解析:该小题既有两种外力作用的比较,风力作用和流水作用存在此消彼长的关系,水草丰美时期,风力作用为什么弱了,流水作用为什么强了? 又有不同时期的比较,水草丰美时期和风沙肆虐时期,外力作用的比较。风沙肆虐时期,肯定是风力作用强,流水作用弱,为什么? 水草丰美时期与之前发生了哪些变化,这些变化怎么导致风力作用变弱,流水作用变强?

　　19(2)人类对自然界干扰会导致区域地貌外力的改变,产生不良后果。指出库布齐沙漠风沙肆虐时期的主导外力作用,并说明不同季节风沙移动的主要方向及强弱差异。(4 分)

　　解析:该小题也是比较类问题。问不同季节风沙移动的方向和强弱,其实是问不同季节的风向和风力大小,其实质是比较该地区不同季节的风。

二、试题中的比较类问题更多的是暗比

　　16(1)分析尼泊尔的交通运输方式以航空为主,但机场规模较小的原因。(6 分)

　　解析:该题比较的是航空与公路、铁路等其他交通运输方式之间的差异,该区域的自然环境及社会经济环境是如何适应航空而不是其他运输方式的。

　　该题另一个比较的是机场规模大小的问题? 能不能建众多规模大的机场,需不需要建规模大的机场?

16(2)每年 10~11 月是尼泊尔的旅游旺季,说明此时气象条件对飞机飞行的影响。(4 分)

解析:该题实质比较的是 10~11 月与其他月份的气象差异,这一时期的气象与其他时期有何不同,对飞机飞行有何不同的影响。

16(3)从国际游客运输的角度,阐述博卡拉国际机场修建的意义。(4 分)

解析:该题的实质是比较修建博卡拉机场和不修建该机场有何不同,或是修建之后与修建之前相比,带来哪些有利影响,或是修建之后解决了修建之前的哪些问题。

17(2)说明烽火科技集团集聚式发展对促进企业科技创新的作用。(4 分)

17(3)分析烽火科技集团众多子公司的集聚对"中国光谷"发展的影响。(4 分)

解析:以上两个设问都可以认为是集聚与不集聚进行比较。第(2)小题,问集聚对科技创新的作用,分析时可思考假如不集聚,对科技创新有什么坏处。同理可分析第(3)小题。

18(1)分析阿联酋淡水资源匮乏的自然条件。(6 分)

解析:该题很难成为一个对比分析类问题。但是仔细思考,也可以有一个对比分析的思路。假如一个地区水资源丰富,可能具备什么条件,相反,一个地区水资源匮乏,应是不具备上述条件,或是具备上述条件的相反方向即可。对比分析只是提供一个分析问题的思路,并非所有问题都用对比分析的思路就变得简单了。比如该题,该题可以利用地理环境整体性原理来思考,也可以用收支平衡的思维来思考,但是用对比分析的思路反而会难度更大些,对比分析只是多提供了一个思路。

18(2)请在答题纸指定位置绘制"造山引雨"的原理示意图。(3 分)

解析:难道该题也可以是比较类问题吗?可以。降雨的类型分为四类:对流雨、锋面雨、地形雨、气旋雨。"造山引雨"其实就是比较这种降雨类型与其他降雨类型有何区别的问题。

18(3)为有效增加山体引雨量,你认为该工程在造山时需要考虑哪些因素?(4 分)

解析:该题在分析时可以这样思考:假如我们不知道什么样的山会产生降雨,那我们就思考什么样的山不会产生降雨,距海远的,山脉走向与气流运动方向一致的,等等。那么,会产生降雨的山应该具有的特点不就很清楚了吗?

19(3)结合表 2 试验数据,提出沙柳沙障具体设置方法。(4 分)

解析:该题在设问上没有比较的意味,但是,我们分析图表材料时,需要对比分析迎风坡与背风坡的差异及迎风坡不同部位之间的差异,因此该题也属于对比分析类问题。

几乎所有问题都可以变为对比分析类问题,通过对比,大部分时候都可以使复杂问题变得简单。但是,对比分析只是一种分析思路,有时不能诠释所有答案,有时牵强附会,有时也会将简单问题复杂化,总之,需避免死板,灵活运用。

从"变化"的角度分析高考地理试题

2017 年课程标准及高考评价体系都要求从生活生产中选择情境进行考查,试题中的问题都是现实中具有实际意义的真实问题,不是为了提问才想出的问题。无论是情境材料,还是设问角度以及参考答案,很多试题都存在着众多的"变化"因素,有时间的变化、空间的变化、地理事物的发展演变等。本文将从"变化"的角度逐题分析 2020 年全国卷各套试题。

一、课标 1 卷

1~3 题。该题组的变化主要有两方面:一是治沟造地之前和治沟造地之后发生了变化;二是传统的治理水土流失的主要方法是打坝淤地,当前为追求人地更加协调,更能取得经济、社会、生态等多方效益,改进了治理措施,变成了治沟造地。治理水土流失的措施发生了变化,取得的效果也自然不一样。

4~6 题。两个居住片区的环境不同,风向风力不同,对风的利用效果也不相同,使得建筑的布局发生了变化。不同季节的变化,也使得建筑布局所产生的作用发生了变化。

7~8 题。在海中建设人工岛后,环境发生了相应变化,其中地下水源发生了变化,形成并保持相对稳定的地下淡水区,地理环境整体的变化导致其中的部分地理要素发生了变化。

9~11 题。全球气候持续变暖,热量这一因素的变化导致边界地区部分地理环境发生了明显变化。林线附近以上地区,因为热量不足,尤其是夏季高温期的时间短、温度低,不足以满足树木的生长,所以没有形成森林带。

但是如今气候变暖了,热量变好了,植被也发生了变化,林线的海拔升高了。这其实是地理教材中提到的"牵一发而动全身",一个要素变化而导致其他要素发生相应变化(设问要求回答这种变化导致了什么现象)。但是,林线在升高了一段时间之后,近年又趋于稳定了,由升高到稳定,这又是一个变化,设问要求思考这种变化又是因为什么。这是一个完整的地理环境演变过程,同时是一个完整的思维链条,能够很好地考核和评价学生的地理学科核心素养。

36 题。该题的变化不是同一地区不同时间上的变化,而是同一阶段不同地区的差异。同样是坡地耕作,在喜光、耐旱的 52°N 就能够采用顺坡垄方式种植,但是在温带半干旱地区却不宜采用,思考引起两种截然不同情况的原因。

37 题。该试题体现的变化更为明显,主要是同一地区不同时间阶段,地貌发展的历史演化过程。眼前同时展现出台地、平顶山、尖顶山,但还要须知,这几种地貌类型并非形成于同一时期,并非走过相同的历史进程,该题要求学生沿时间轴,捋顺其发生发展过程。该地区最初可能是平坦地区或是有一定起伏,一次岩浆活动导致形成厚度较大、成分主要是玄武岩的海拔相对较高的台地,平坦的台地形成之后在漫长的时间岁月里经常遭受流水侵蚀,台地发生变化,需要学生能指出这种变化。

从平坦的台地变为低洼不平,再到变为较高的平顶山,又进一步侵蚀变为尖顶山,此时再次经历一次岩浆喷发,在尖顶山山顶以下一定高度形成平坦的台地,重复流水侵蚀地貌演变的过程。新形成的台地也将慢慢变为平顶山,这样将存在低洼地、平顶山、尖顶山的地貌状况。发展到一定阶段,岩浆再次喷发,此次喷发的岩浆数量比上次少,在平顶山、尖顶山之下再次形成了一个海拔更低的台地,台地上已经因为侵蚀而形成了河谷。至此,就形成了我们所看到的地貌景观。该地区的地貌景观今后还将继续发展变化,每个地区的地貌景观都会随时间而发生演变的,我们所看到的都是某一时期特定阶段的情况。该题考查了核心素养中综合思维的时空综合。

二、课标 2 卷

1~2题。很多地区的地名反映了当地的地理环境特征,同时也是一种文化传承。当初,人们依据该地的地理环境特点,取名相应的地名。地名不断得到传承,虽然地理环境会发生变化,但我们一直沿用最初的地名。当后人或者外地的陌生人听到这些地名时,不禁产生疑问,进而产生追问:该地曾经是一种怎样的地理环境?很多地区的地名都有丰富的意义,蕴含着大量地理信息,包括偏远、人迹罕至的地区,但是新的地名取代旧地名的同时,也将这种传承斩断了,人类对于研究该地区的历史也损失了一条非常重要的信息。

3~5题。同样一个地区,随着地理环境发生变化,它对人类的影响也将发生相应的变化。巢湖平原随着城镇化的发展、机械化的普及和青壮年劳动力外出务工等人文环境的变化,农业生产也发生了变化。人类环境的变化引起人类行为的变化,原来种植小麦是需要翻耕的,这样的收益才高,但是现在人们不再追求农业的更高收益,这种变化,其实是源于人们追求综合效益的目的。随着社会经济的发展,小麦的收益已经不再是主要收益,为了外出打工获得更大收益,才退而求其次采取这种方法。

6~8题。该题目的变化主要出现在情境中。一天中,绿洲和附近沙漠地表温度存在变化,但是无论怎么变,都是绿洲温度低于沙漠温度。这种现象是一年四季都存在吗?不是,仅在某一个季节才存在。这里又存在一个变化,即绿洲和附近沙漠地表温度高低在一年四季中发生变化。只有在夏季,无论昼夜,都是绿洲温度低,而且其他季节都是白天绿洲温度低而晚上绿洲温度高。

9~11题。该题组涉及的变化不明显。

36题。该题组涉及的变化不明显。

37题。该题组涉及的变化较多。该地区位于板块交界处,板块运动活跃,地质构造很不稳定,变化较大。板块运动之前,该地并不存在断裂发育,但是板块运动之后,断裂发育就比较明显。这是初期阶段的变化。断裂发育初期,只是地表破碎,但是并没有形成河流,一段时间之后,沿断裂处形成了众多河流,这是中期的变化。此处易形成金矿,但是金矿形成初期,深埋地下,后来出露较多,且出露之后因一系列地质作用,最终转变成金沙江中的沙金,这是后期的变化。该试题的变化过程贯穿始终。

三、课标 3 卷

1~3题。汽车企业组装厂由甲国转移至乙国,组装厂的位置发生了变化,这一变化是因为区位因素的影响发生了变化。这种产业布局除得到想要的结果外,也附带着其他的变化,其中进出口、销量、产量可能变化的是哪一个,怎么变?

4~6题。该市 20~24 岁年龄组人数明显偏多,这一年龄组人数较多是因为他们的父辈这一辈人较多,父辈人数多导致子女这一辈人较多,这就是人口惯性。现在是 20~24 岁人数较多,10 年之后,就变为 30~34 岁人数较多,总之,无论他们的年龄怎么变,其对应的年龄组人数在任何时期都相对较多。利用现有信息,尤其是临近 2010 年的人口数量特点,推测 2010—2030 年该市人口发展的变化,这主要是因为人口变化具有较强的滞后性,很少出现剧烈变化。

7~8题。该试题中涉及的变化主要是情境中各地质构造的变化。先形成什么,再形成什么,某一地貌在形成时具有什么特点,导致后来的地貌出现了对应的特点。该处的变化大致经历了如下过程:先形成沉积岩层,岩层受到挤压发生弯曲变形,因挤压力太大,导致岩层发生断裂,整体发生抬升,表层发生侵蚀,后来发生地壳下降,表层继续接受沉积,最后发生了岩浆喷发。

9~11题。情境中火山锥林线升高、雪线降低,这种变化是因为所在区域气候变化,并根据影响林线、雪线的因素,分析气候发生了怎样的变化?

火山喷发之后,雪线、林线受到影响,发生了一些变化,主要体现为森林被覆盖或是燃烧,林线降低,山顶积雪融化,雪线升高。但是一定时间之后,整体环境又发生了一定变化,森林、积雪慢慢地得以恢复,于是出现了林线上升、雪线降低。

36题。该题主要考查区域发展和人地协调发展。马来西亚矿坑湖和废置矿场变为休闲城,这一变化体现出的是一种发展理念,设问中并没有直接涉及变化。

37题。该试题涉及的变化较多。第(1)小题就涉及了湖沼面积和风沙活动在不同时间的变化特征,并且要求我们分析二者的关系。

毛乌素沙地由流动沙地趋于固定,这也是一种变化,这一变化是一种环境得以改善的变化,既有其自然原因,又有人为原因。设问中要求回答自然原因。

同时,毛乌素沙地湖沼面积逐渐减小,这种变化又是什么原因呢?毛乌素沙地绿化面积逐渐增大,这种变化是否持续进行,是否不会反复,试分析原因等,该道试题的每一设问都涉及变化,主要是分析环境变化的原因。

　　综上逐题分析,可见"变化"这一因素无处不在,学生在学习这一内容时,要树立一种变化的思想,既有时间变化、空间变化,又有现象的变化、结果的变化。我们应该运用"变化"来突破试题。

简析高考试题特点及解题思路
——参加高考说题比赛的反思总结[①]

经过近一周的周密准备,我参与完成了今年的高考试题说题比赛,最终功夫不负有心人,获得一等奖的好成绩。意犹未尽,我把本次活动中及比赛后的思考整理如下。比赛中对高考试题的认识,对学生解题方法的思考使我有了新的收获,以下整理的内容主要集中于对高考试题的深度认识及总结、反思解题办法(图 2-1)。

结合近几年的高考试题分析,仔细研究今年的高考试题后,我发现试题呈现一些新的特点。

一、试题信息量、阅读量大

题目关注当今社会热点、主流问题,人文地理占比略高,自然地理更多关注可持续发展的问题,试题的阅读量非常大。2015 年的试卷中第 37 题青藏高原的冻土问题有 700 多字,2016 年第 36 题有 580 多字,相当于一篇小短文,文字材料多,阅读量大,关键是对阅读能力的要求还很高。其中的显性及隐含信息较多,很多考生题目做错主要就是因为对题目信息的提取不完整。那么怎么办呢? 解决办法是增加学生的阅读量。阅读有两方面作用:第一,拓宽学生的知识面,让学生能更有机会关注社会热点问题,高考过程中如果能碰到同一材料背景,学生也不会有陌生感。第二,锻炼学生的阅读能力。阅读任务应该放在课堂或自习课上,一周至少两次,每一次时间不必太长,但必须是精读,带着问题或任务去读,阅读的材料必须是老师精心选择、提炼之后的材料,切忌粗放式阅读,不能不加选择、漫无目的地去读。阅读的内容可以是新闻联播、社会关注度非常高的事件、重点地区名校优质高考模拟题的材料等。

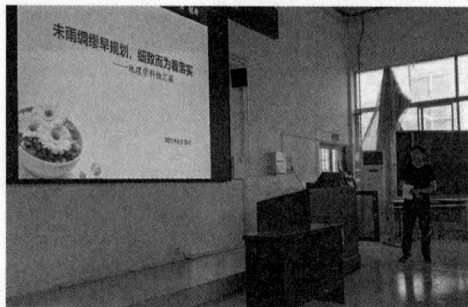

图 2-1 笔者参加高考说题比赛

---

① 本文写于 2016 年参加滨州市高考试题说题比赛之后,是对参加比赛活动的总结与反思。

二、试题多关注当前社会的主流价值观

2015 年的试卷中自然地理试题比重较高，2016 年则回归到正常的比例，人文地理比重略偏大。如全国卷Ⅰ的 1~3 题佛山陶瓷，全国卷Ⅱ的 3~5 题日本家电企业，都是当今社会经济转型的热点问题——产业转移。自然地理中，全国卷Ⅱ的 6~8 题气候变暖的问题，全国卷Ⅲ的 10~11 题高山终年积雪问题，都是当今社会关注的环境变化问题。所选试题与经济、环境联系紧密，具有较强的现实意义，并对考生关注平时的生产生活提出了更高的要求，即关注社会热点，关注现实生活。也就是说，学习并非脱离社会，而是学习社会，在社会生产生活中体验地理知识的应用，培养学生的地理学科素养。

三、综合题更加注重知识的关联性

王旭老师曾经提出综合题应遵循"主题、冲突、探究、选择"的线索来推进，2016 年全国卷Ⅰ的 36 题表现得并不明显，虽然该试题以茉莉花茶为主题，但是冲突、探究的意味并不明显，"选择"部分也出现了变化，也可以说是创新。而 37 题各小题之间"主题式"设问不明显，很难找到一个明确的主题，也并不是层层递进、难度加大的过程，主要是围绕着区域展开设问，各设问之间关联度不大，比如第（1）题问的是地形对气候的影响，第（2）题问为什么动物数量减少，第（3）题问如何拍摄到熊。我们在研究高考题命题规律的同时，命题专家也在研究高考模拟题，或者说，命题规律并非一成不变，每年都是稳中求变，变中出新的。"区域 + 主题"的方式使得主题不明显就是今年全国卷Ⅰ表现出来的最大变化。

知识点之间的融合更多了，单一的、孤立的知识点的考查越来越少。比如全国卷Ⅰ的 10~11 题对土壤的考查，考生需要结合气候、地质作用、地形等知识才能正确作答。再比如，全国卷Ⅰ的第 37 题（3）拍摄熊的问题：需要考虑到一是此地有熊出没；二是能够拍摄清晰照片；三是拍摄人员的安全。因为涉及的知识点较多，有些甚至是生活常识性问题，所以有时我们会怀疑这是不是地理题。知识点融合多了，这就要求学生有较强的综合思维能力，也就是所说的要让学生学活，不要学死、死学。教师在教学过程中要注意知识点之间的关联、拓展，该思维方式并非要在二轮复习才去注意构建整体的知识框架，在一轮复习甚至在高一、高二的教学中就应该注意各知识点之间的关联，注意对单一知识进行举一反三式的拓展。

四、综合题中选择性试题出现创新

综合题中的选择性试题也有了新的尝试，不再是同一问题正反两方面选择其一来回答，而是直接给出两个问题让考生任选其一作答，可以说这道题由选择题变成了选做题。原来的问题形式更有利于考查考生的情感、态度、价值观，现在的设问形式不是考查学生的价值观，而是在确定价值观的前提下指导生产、生活活动。我们会发现，对于某一活动方式，赞同比不赞同更容易得分，而赞同时通常需要从有利条件和有利影响来作答，也就

是从经济效益来作答,这并不完全符合经济、社会、环境整体可持续发展的理念。现在的两个问题形式,不论选择哪个,都是在可持续发展的框架下如何去做的问题。在备课过程中,我们也可以进行大胆尝试,在大框架下,寻求形式的变革。比如,综合题最后一问依然是选择的形式,但从出发点上加以限制。

部分问题略有超纲。2015 年全国卷 I 的第 37 题青藏高原的冻土及相关内容,2016年全国卷 I 的第 10~11 题土壤的问题,这都体现了全国卷一向具有"略有超纲"的特点。

这就要求我们在教学中不完全拘泥于考试大纲,对于日常生活中常见的地理现象、地理学科中的传统知识点等都应该有所涉猎。当然,我们更多的是教给学生学习新知识的方法,而不是知识本身,所谓"授人以鱼不如授人以渔"。

五、选择题特点更加鲜明

(1)同一知识范畴的"聚焦式"设问。

各选项都是针对同一知识点进行的设问,而不会出现"综合式"的设问,如 A 项是有关气候,B 项是有关地形,C 项是有关河流,D 项是有关农业的问题。所有选项都是针对同一问题不同方面的阐述。

(2)题干与选项呈现出"主语+ 谓语+宾语"的情况,其中选项都是宾语,如 XX 是 XX。

(3)选项可以组合,比如①②③,也可以是①②、②③,但不会出现反向选择,比如"下列选项错误的是"很少出现。

(4)呈现题组形式,一般都是一拖三,减少阅读量。

(5)选项本身是没有错误的,且有理有据,学生需要做的是排除掉错误选项。

六、解题方式的运用

学生在解题过程中出现方法技巧运用不得当的情况,部分能力需要提高,否则在成绩上难以突破。

(1)相对比较法的运用:相对比较法是区域发展条件分析的最重要方法。如比较区位条件,如果对两个地区的区位条件进行比较,就很容易得出其中之一的优势了。再比如,对地理事物发展前后做对比,也能得出其中的变化。

(2)排除法的运用:在做题过程中我们可能多次用到排除法,且屡试不爽,得心应手,但是,排除法只是考试的一个技巧,它可能会让你得到分数,但不一定能让你理解问题,当其他方法都无法奏效,考试过程中万不得已时才能使用排除法。关键时刻我们可以依靠排除法得分,但我们不能时时刻刻依赖该方法,这对理解地理知识没有好处。

七、问题总结与解决方法

(1)获取和解读信息的能力不高。也就是说学生对关键信息不敏感,视而不见,或者是能够找到关键词,但无法提取出隐含信息,这里面除了基础知识不扎实,还有阅读能力的问题。对于高分学生、尖子生,绝不仅仅是做题能力强,关键一点是阅读能力强。培养学生们双语阅读能力是名校培养尖子生的必备方法,这项能力应该在高一、高二甚至在之前的学段来培养。语文老师说,培养孩子的阅读能力、阅读习惯甚至应该在小学之前就开始做工作。那么,在时间紧迫的高三是否也应该这样做呢?我觉得应该,而且非常有必要。至于阅读什么内容,怎么去阅读,需要更深入地思考。

(2)学生感觉题目不难,入手容易,却很难得高分。规范性不够,思考不全面,平时做题是在一种放松的状态下进行的,心态平和有利于正常水平的发挥,而考试却做不到这样,往往想不到,丢三落四,考后一核对答案就立即明白了。针对该问题,我觉得应该更多一些限时训练,上课可以少讲一点儿,自习可以完全不讲,多一些高质量试题的限时训练。

(3)高考试题与某些高考模拟题极其类似。有些仅是材料相似,有些不仅材料相似,考查的知识点也相似,比如全国卷Ⅱ的36题罗纳河的问题,比如全国卷Ⅲ的风电三峡的问题,甚至全国卷Ⅰ的36题茉莉花的问题。所以,在高考复习过程中应该增加一项工作:密切关注重点地区名校的优质、高仿的高考模拟题。

(4)描述类问题很难描述全面。对高考题及其答案,不要觉得无懈可击,也可以提出疑问。部分试题答案的跨度太大,有些高考试题材料是好材料,设问是好设问,但答案未必是好答案。

(5)我们在上课过程中可展示学生的典型错误,让学生印象更深刻。

学生感觉入题容易入项难,比如2016年全国卷Ⅰ的第1题,很容易知道是考查工业区位因素问题,但是有些学生会长时间徘徊于A、D两个选项而举棋不定。再比如37题第(2)问,学生很容易想到绿色植物少从而食物少,但是面对该题分值10分,很难进一步思考更全面的答案。再比如,全国卷Ⅲ的36题,对亚马孙河上"很少有桥"这一现象做出解释,很容易入题,却很难把该问题回答全面。

这要求在教学过程中进行题目练习时多选择一些切口小但很有深度的试题,而不能选择一些大而空、缺乏思维含量的试题。

3　课后反思

地理"同课异构"活动中的一点儿思考

2015 年 4 月 16 日,北中和滨州一中地理老师进行了"同课异构"教学交流活动(图 3-1)。本次活动我全程听课,在听课过程中我发现了许多值得学习、借鉴的亮点。四节课各有千秋,因篇幅问题,现将自己对一中张燕老师课的感想、反思整理如下。

图 3-1　教学交流活动

张老师的课是在第三节,整个听课过程我自己也深深融入其中,思路随着张老师的推进慢慢参与到环节的实施过程中。

整节课非常成功,给人一种意犹未尽的感觉,主要优点及本人的收获如下。

一、预设充分,注重生成

课堂处处彰显出教师的自信,每一个知识点、每一句话、每一个环节、每一个随机遇到的变化,处理得都非常到位,临危不乱,处变不惊,落落大方。教师在备课过程中预设充分,同时也有较多即时生成性的问题,张老师处理得都很好。

二、语言精练,不拖泥带水

一句话能讲完就不要再加上半句,一次能讲清楚的话就不再重复第二次。生怕学生听不懂非要再讲一遍,无形中使学生形成依赖,这遍听不懂不要紧,反正还有第二遍,久而久之注意力就不集中了。重复讲话也在无形中浪费了宝贵的课堂时间,减少了课堂容量,不符合高效课堂的特点。

三、时间观念强

该两分钟完成的任务就两分钟完成,该一分钟总结的内容就一分钟总结,不能随意增减时间,避免教学环节的随意性。我们的常规课堂有时存在给学生 5 分钟时间讨论,但是过不了 3 分钟就让学生发言的现象,讨论时间明显偏少,甚至有时刚提出问题就让学生回答,不给学生思考的时间,这种只重形式不重实效的讨论,效果不会很好。

四、所提问题清晰,提问学生明确

该讨论什么问题张老师说得很清楚,有什么要求讲得很明白,然后再进行讨论,讨论时为了提高学生的紧迫感,提前确立了展示小组、评价小组。我个人感觉如果展示小组和评价小组能随机抽选,不确定,不重复,不遗漏,也不提前告知,可能会更好地提升学生的积极性。

五、教学形式多样

教学方式不只是老师讲、学生听,老师提出问题等学生回答,而是应该采用一些激励性的措施提高学生的积极性,或是变换形式激发学生的兴趣,提高参与的热情。比如回答鲁尔区的区位优势,如果只是老师问学生答,可能形式普通,印象不深。但如果要求学生拿着教鞭走到讲台上给大家一边指出来一边讲解,这样参与讲解的学生印象肯定深刻,能力也得到了培养,听讲的学生想着找点儿这个同学的不足,也都仔细地听。这样,设置问题的效果也就出来了,更容易达成教学目标。

同样的教学内容可以采用不同的教学方式,不必在一棵树上吊死,条条大路通罗马,为何不多想一想呢?比如分析鲁尔区的工业区位因素,张老师首先给学生展现出两幅图片,让学生分析思考两分钟,思考后拿着教鞭在屏幕前给大家展示,这比一般的让学生站起来说效果要好。

六、教学案与课堂搭配合理

学案中预习案内容简单,且需要思考的地方不多,学生填好后老师进行了课前批阅,对学生的错误掌握非常准确,哪个问题有几个学生错了都统计得很清楚。一节公开展示课是这样处理,假如每节课都这样处理,课堂效果、教学成绩不可能不好,当然这需要老师的辛勤付出。教材上已有的材料,学案上不再重复出现,教材上没有的学案上可以补充,学案起到了很好的辅助功能。

张老师课堂上最后的讨论题是以 2011 年山东卷高考题"德国鲁尔区和沪宁杭工业基地作比较"为蓝本演变而来的,应该是付出了很大努力,思路也很好,颇费一番脑筋。

刚听完课后感觉整堂课完美无缺,在我现有的水平上好像根本找不出任何漏洞、缺点。反复思考后,我感觉在这几方面似乎可以再改进一些。

一是没有板书,仅仅是写了几个字,算是一条主线,总体来讲主线不明确。

二是给学生成长、发展的空间较小。老师气场太强,使得学生没有从容发表自己看法的自信。有时候老师"示弱"一点儿,故意让学生"逞强"一点儿,不见得是件坏事。

三是利用当前热门韩剧《来自星星的你》作为一条主线好像与本课内容衔接不自然,而且该故事与实际并不相符,经查确实有杜撰之嫌。

四是分析鲁尔区工业区位因素时,展示的图中在鹿特丹处有一铁矿符号,很容易让学生误解这里有铁矿。事实上在一个学生总体成绩较好的班级里没有一个学生回答正确,也说明这个设计存在问题。可以画一条船,船上载着铁矿石可能更好一些。

五是整节课多媒体的利用频率很高,几乎是每一步都是先利用 PPT 往前推进,教学环节再跟进。当然这节课课堂被多媒体绑架的感觉不明显,但显然是推进课堂的主要形式。

一节能够让学生思维发散、激情讨论、热烈参与的课靠的不是各环节的推进,是强有力的问题。离开了强有力的问题,其他都是苍白无力的,是维持不了太长时间的。问题的内容、难度,给出的形式等都非常重要,如果问题难度较小,不具备思考、讨论的价值而采用提问、探究的方式来处理,学生的回答可能不错,但学生参与的积极性不高,甚至不去参与。问题提出的形式也各有利弊。某个环节的处理可以想出无数种方法,条条大路通罗马,不同方法都可以试一试,试试并不吃亏。

上述听课中总结的内容无论是优点还是缺点,都是自己的浅显之见,可能有不当之处,但无论如何,我自己感觉收获很大。

参加高三一轮复习备课会后有感^①

2016 年 9 月 18 日至 19 日,为期两个半天的高三备课会让我收获颇丰,拿了两个圆珠笔都用完了,前后写了 15 页材料,拍了 20 多张照片,整理学案 3 个、其他电子文件资料多个,这就是最好的证明。当然,把这些东西要装入我自己的大脑,内化为我自己的东西,以及能引起我的哪些思考才是最重要的,这需要我进一步整理。趁着热乎劲儿,我写下了这些文字。还是那句话:有想法立即动手,迟一步,你的想法就减半,不停地减半(图 3-2)。

一、听三节公开课有感

我带着三个问题来邹平听课,应该说除了第一个问题没有得到明确答案,其余问题都有了较大收获。

参会前,马振明老师特意叮嘱多听一听其他老师对丁慧老师这节课的评价,这是第一个问题,基本没有得到解决。由于时间紧任务重,本次备课会没有进行评课议课环节,只在私下得到的零零散散的评价:课堂总体非常好,教师个人素质非常高,对内容的处理非常到位,重难点把握非常精准。教科院舒老师指出在难度的设置上,对学生的要求上,应该高于学生的实际水平。当然,就这节课的难度对当时的学生水平来讲,是适合的,但是对于优等生,这个难度偏低。

图 3-2　复习备课会

---

① 　本文写于 2016 年,在参加完滨州市高三一轮复习备课会后,自己尝试写的总结报告。

黄山中学刘老师讲授第二节课。从课堂处理过程能看得出刘老师付出了大量的努力,的确是对教材内容进行了一些深入思考。课后老师们也反映刘老师不愧是在地理教学、高考题研究方面下了很大力气,有专属于自己的不同于其他人的思考。但是我认为这节课还是存在几个值得商榷的地方:一是课堂导入太长,先是从海洋入手,然后通过"充气大黄鸭"重现海面、玩具"小黄鸭舰队",最后引出本节课标题——洋流。我认为不同于新授课,一轮复习、二轮复习不需要用过多内容进行导入,或是一句话带入即可。二是课前指出的考试重难点非常准确,但是在实际践行考纲要求的时候重难点把握不到位。比如洋流的影响是这节课的重点、高频考点,但是处理这部分内容仅用了四五分钟,洋流的成因及洋流的名称并不是重难点,但在复习的时候却占用了大量的时间,尤其是在某些不是重点的问题上处理得很深,如索马里洋流,但可能有避重就轻之嫌。三是课堂有些随意,喜欢说前半句,让学生接后半句,而学生通常接不上来。整节课的教学效果总体来看比较好,总结其教学思路:导入——考点要求——洋流分布规律(作图)——洋流模式图(分布规律)——气压带、风带分布图(洋流的影响因素)——洋流的影响。

第三节课有些颠覆我对传统课堂的认知。邹平一中的文科实验班很少暴露在聚光灯下,这次,我们看了个一清二楚,的确能够感受到与常规课堂的较大差异。邹平一中在优生培养方面尤其是文科尖子生的培养方面,的确是有自己的独特做法。这些做法既有一脉相承,又不会一成不变。他们通过外出学习等方式,不断优化、改进教学方法,这值得我们学习。高三开学初,他们的老师分三组外出学习,一部分去潍坊参加备课会,一部分去莱芜参加十七名校联考交流会,一部分去北京学习,这样一定会使他们不断提高的。当然,从不同班型来看,普通文科班的班级管理可能需要加强。

我的第二个问题是如何安排高三复习进度。前来做报告的衡水中学老师透露了他们的做法:高一讲完所有必修,高二上学期进行学业水平考试(我觉得他们几乎不用准备学业水平考试,更多的是为高考做复习),高考复习需要完完整整地复习三遍,即三轮复习法。我根据邹平一中目前文科实验班的复习内容推测,在高二下学期结束时应该进行了一轮复习的一半,至少是完成了必修一,暑假期间结束了第一轮复习,开学之后已是第二轮的全面复习,内容上略有缩减,以高频考点为主,针对全国卷的特点,难度大了不少,上了一个层次。按照去年我们普通班的复习进度,现在这个时候我们可能一轮复习第二章还没有结束,而他们的第二轮复习已经进行到第四章——地表形态。我们复习一遍而他们复习了两遍,而且还比我们快,比我们处理得难,效果可想而知。我们的一轮复习持续时间略长,二轮复习时间实在太短,还被各种考试切割得七零八落,二轮复习主要复习了必修一,必修二所用时间很短,必修三直接忽略。

从教学方式上讲,有两个方面的思考。一是衡水中学的做法,十月份后期或十一月初必须进行文科综合的训练,开始时一周一练,寒假结束后一周两练,最后一个月一周三练。他们对于文科综合练习得多,开始得早。单科的时候学生的成绩可能非常好,但是一考文科综合就暴露出问题,优秀生的提高还得靠文科综合。二是随着学生基础知识逐渐扎实,在课堂上应该给学生更多的留白,让学生来整理,让学生来思考。在讲解"营造地表形态的力量"这一节时,授课教师让一个学生讲解知识体系,大约 7 分钟的时间,学生讲得非常详细、准确,表达能力非常强。老师自始至终惜字如金,但是每说一句话,都至关重要。从试题的讲解中可以看出老师非常善于研究高考题,对高考题的研究非常透,如数家珍、信手拈来。随后教师给出一段材料,让学生来设计一道有价值的试题,或是给学生一道高考题,然后对该题进行改编。这种改编不是小"手术",而是要"伤筋动骨",大框架甚至是大方向都可以改一改。在基础年级,对于解决不了的问题可以采用小组合作探究的方法进行处理,但在高三后期,应该更多地采用自主思考的方式,因为考试过程中没有人和学生讨论,学生只能自己思考。

从教学难度上讲,第三节课也让我印象深刻。"营造地表形态的力量"这一节中最高频的考点是考查某一地质构造的地质作用过程,这节课进行的几乎就是专题课,在掌握了本节课的知识框架,比较了易混淆的 5 个基本概念后,剩下的所有时间几乎都是进行这一高考题型的训练,训练的强度之大、难度之大超出所有教师的意料。毫不隐瞒地说,有些题让我这个地理教师来做,都很难答得很好。

从学生的精神面貌来讲,学生表现得非常好,求知欲强,分析问题思路灵活思维活跃,表达能力强,表现欲望强。

二、听衡水中学姚美兰老师讲座有感

本次备课会邀请了专家做报告,来自衡水中学(简称衡中)的地理前辈姚美兰老师进行了近三个小时的讲座,让我收获很多,受讲座内容影响,我的收获是片段式、碎片化的。

听了讲座,我还有两个思考:一是衡中在扩大规模,由 10 个班扩大到今年的 60 个班,衡中会不会走"校而强则大,校而大则衰"的老路(后来证明衡中做得不错)。二是作为教师,必须有属于自己的专业发展研究,可以是学科教学,可以是班级管理,拿学科教学来讲,还可以分为课程研究、课堂研究、高考题研究等多方面,如果你研究得很多,你也可能有很多收获,但你在哪一方面都不会是最顶尖的专家。当然,如果你研究很小的一方面,你的研究能不能更大程度地服务学生是个问题。我认为,无论研究什么,不能脱离教学,不能脱离学生,这是一个教师的立身之本。

从姚老师这里我收获最多的当属有关高考的内容,姚老师主要从山东卷与全国卷比较的角度展开表述。姚老师对高考题的研究非常透彻,虽然河北不考山东卷,但是对山东卷的研究同样深刻。

姚老师指出,2013 年的山东卷共 1 400 字,答案 410 字;2014 年共 1 690 字,答案 400 字;2015 年共 2 200 字,答案 590 字。从中我们可以发现一些变化。同期,2014 年的全国卷 I 有 1 664 字,答案 1 005 字;2015 年有 2 177 字,答案 929 字。从中可以看出差异。山东卷基本都是按分给点,逻辑清楚,而且答案的要点容易找到,比较符合中学生学习的特点。当然,随着时间的推移,尤其是 2015 年的高考题,和全国卷已有很大的相似度。而全国卷在难度方面要大得多,答案要点不明确,学生有时会产生学的东西没有考,考的东西没有学的错觉。所以存在这样一个问题:学生觉得会和能得分是两回事,能得分和得满分是两回事。

山东卷还是尽可能覆盖更多的知识点,如能面面俱到当然更好,而全国卷是抽样检测,不会照顾到知识点的覆盖面,更喜欢一拖三这种形式(2015 年有三组一拖三,一组一拖二),对问题的深度挖得较多。一拖三的形式更容易使问题向更深处挖掘。

高考试题多关注热点问题和生态脆弱地区。高考题并不避讳热点问题,也会从地理的角度考查。所以,作为老师应该养成关注新闻热点、影视资料的习惯。2015 年全国卷命制了一组"雨水花园"的试题,这是一个热点问题,那么出处在哪里呢?追根溯源发现,国务院曾经发布建设"海绵城市"的通知,后来还发布了建设"海绵城市"的试点城市,在新闻联播中也有关于"海绵城市"的报道,再寻根究底,发现习近平总书记在 2013 年的一次讲话中提到了保护环境、建设海绵城市的观点。结合当今社会现实:不下雨城市就旱,缺水严重,而一下雨城市就内涝。比如近几年出现了到武汉去看"海",到北京去看"瀑布"等带有调侃意味的新闻。面对已经出现的问题,我们应该思考解决问题的方法、措施。地理老师也应该关注教材、教辅之外的资料,比如大学教材、学术期刊、学术论著、生产生活实践和社会热点。

不但老师应该关注新闻热点,学生也应该关注,且应该持续至整个高中阶段。当然不是将节目不加处理地扔给学生,而是经过老师的甄选,学科老师与电教老师共同合作,制作学校自己的新闻联播。

经过一段时间的训练,可以给学生一个材料,让学生来命制高考题。我越来越发现,好的课堂,效率高的课堂,都不是老师一言堂,越是面对高水平的学生,越是需要在课堂上留白,留一些时间让学生自己去整理、去消化、去思考、去提问。

姚老师对高考试题和高考考试大纲的研读让我有了新的思路和认识。高考题是需要研究的,做一些研究总能得出一些意想不到的收获,无论做多少遍都不为过,每做一遍都有不同的收获。高考考试大纲渗透着当年高考的一些思想,仔细研读,与往年考试大纲做一些比较,我们会得出一些信息,考试大纲给的题目和高考考试题或是雷同,或是有模仿的痕迹。

姚老师提到的衡水中学的备课方式也让我印象深刻。为保证刚入职的一百多个年轻教师更快适应新角色,暑假进行了两个月的培训,这个培训不是可有可无的,而是非常必要的,内容就是让新老师们备第一个学期的课程。因为是新老师,需要备详细教案。有的老师一课时的教案甚至能写出十页,两个月的时间基本能把第一学期的课都备好了,这样老师们在开学之后能有大量的时间去听课、去改进,能够从琐碎的事务性工作中解放出来。除此之外,他们还有网络教研、一天一研、班级教研等。关于班级教研,之前我们曾提出过设想,在落实上可能做得不到位。衡中的练习、考试是很多的,所以教辅资料是个问题。禁止拿一本资料直接扔给学生,无论是市面上的教辅资料,还是网络资料,必须整理之后拿给学生。

高中三年是一盘棋,要想有一个好的结果,必须走好每一步。这就要求做好计划,尤其是人多事杂时,更应做好计划,计划是能否顺利完成任务的保障,和计划相匹配的就是制度保障,当完不成计划时怎么办?唯有在计划、制度中,才能把事情做好。高一、高二要狠抓基础、重视课本,并非所有的内容都需要在高一讲,比如逆温问题,高一坚决不能讲,高二如果遇到相关题目可简单讲,高三则需要把逆温制成专题的形式来讲,讲清讲透。这样可以每时每刻都能给学生带来新鲜感。

学生要想学好地理,必须爱上地理,不爱上地理,就考不了高分。抓不住学生,谈不上分数。所以,作为老师,应该想尽办法吸引学生,尤其是基础年级更该如此。

谈笑间寻找教育规律

——对高三一轮复习时间、地位的思考
及论教材与教辅资料的关系①

早晨在学校餐厅,不仅能吃饭,还能借助这一机会和各位老师沟通交流、互换信息。今天吃饭时碰上了马振明老师、许圣三老师,我抛出两个问题:高三一轮复习的时间安排问题和教材与教辅资料关系问题。和两位老师的谈话让我有了一些新的观点。

一、高三一轮复习时间及地位问题

我对高三一轮复习时间安排问题的认识一直是比较矛盾的。有两种方案:一种是高三开学后持续到2月底、3月初,这是我校以前及诸如潍坊、济南等地现在都使用的做法;另一种是我们目前的做法,在元旦就结束一轮复习。两种方案的最大区别在于时间的长短,约差两个月,去除寒假的影响,差别可能也有40多天。

第一种方案的优点是复习时间充裕。在足够的复习时间内能够把考试大纲要求的内容学好学透,120天的复习时间和160天的复习时间差别是很大的,如果时间充裕,本应该两节课的内容可用三节课来处理,不仅拉大了时间跨度,增加了学生的理解、消化时间,而且在知识的细化、深度的拓展及知识的全面上都会做到位。这样的一轮复习是地毯式的,遗留的问题有限,尤其是遗留的大问题不会很多,可能在细节上需要修修补补。这样的一轮复习有利于二轮复习的提升,"只有基础打得牢,高度才能提得高",这是很多人的观点。

第一种方案的缺点是严重挤压了二轮复习的时间。这么长的一轮复习后,二轮复习可能只有30~40天,而且其中还有3次左右的考试,每次考试加讲评可能要占到3天,真正拿出大段时间来处理知识点几乎是不可能的。个人感觉二轮复习期间考试次数不宜过多,考试能暴露学生知识体系上的问题,但问题还没来得及解决,下一次考试又来了,于是问题一次次被暴露。问题总是有,但得不到解决,对学生成绩的提升没有任何帮助,且久而久之可能影响学生的自信心。

第二种方案的优点是二轮复习时间较充裕,可充分进行能力训练,答题规范训练,这样提升的空间可能大些。

但第二种方案也是极其冒险的,比别人短40天的一轮复习意味着什么?我们的复习质量是否能够达到预期的水平?从潍坊备课会听课可以看出,我们的课堂容量是少

---

① 本文写于2015年5月份,随着高考的临近,我对高三复习阶段做的总结反思。

的,拿我们的常态课和潍坊的表演课来比,他们的一节课课堂容量可能相当于我们的两节课,甚至还要更多,而他们的一轮复习时间比我们还要长。我们的学生高一高二的基础可能还不够好,从课堂教学推进快慢上很明显能发现这一问题,所以时间安排将直接影响我们的教学质量。如果我们把握不好度,复习很可能变成走马观花、蜻蜓点水。我们如何做才能使得最终的复习效果达到或者超出竞争对手呢?这一问题必须搞清楚,如果搞不清楚,学生可能就真的如吃了夹生饭,消化不良还没有营养。一轮复习是不能不深入的,如果在这一阶段没有理解透,以后就很难有这样的机会了,深度不变,时间短了,我们只能减少复习内容。这就要求我们仔细研究考试大纲,研究近几年考试内容,大胆地取舍。考试大纲虽有要求,但是从来没考过,或是考的频率非常低的内容,我们就不讲或是少讲,唯有如此才能保证复习质量。

目前的一轮复习也的确反映出了一些问题。老师都在加作业量,学生做不完,老师也不想加重学生负担,但是就这一节课而言要想达到理想的教学效果必须有这些作业量,所以有时候这是一个矛盾。老师抱怨教学时间紧,都说复习不完,复习质量堪忧。拿地理来讲,大气运动已经讲了两节课了,学生依然不会在黑板上作图,漏洞百出,有自知之明的同学熬夜学习,单独找老师探讨,这些现象的出现可能都是危险的信号。

二、教材与教辅资料的关系

目前的高三复习包括一轮、二轮复习中,教辅资料都大行其道,其地位早已远远超过教材的地位,甚至很多学生一路复习下来。一直使用教辅资料,却从来不翻看教材。有经验的教师在教育学生时不忘叮嘱学生看教材,尤其是最后关键期,主要任务就是看教材。

教辅资料的主要缺点是不够严谨,会出现这样那样的错误,有些说法经不起推敲;其次是简单问题复杂化,教材上明明是简明扼要的一句话,在教辅上却用大段篇幅,在教材上本是一个公式,在教辅上可能出现三个公式。学生本来还明白,经过教辅资料这么"高深"地一讲解,反而云里雾里了。以地方时的计算为例,教材的阐述简明扼要:经度每隔15°,地方时相差 1 小时;经度相差 1°,地方时相差 4 分钟,东边比西边要早。某教辅资料却有几百字的阐述。

如果只利用教辅资料,即使利用得再好,成绩也可能不会太高,要想考取名牌大学,最后还必须回归教材。在没有知识架构、知识储备的前提下让学生自己拿教材来提炼有点儿勉为其难,在学生具备了一定基础知识后,再对照教材提炼、研读,可能会起到事半功倍的效果。

仔细研读高考题就会发现,很多答案都可以在教材上找到原话,且教材上的语言高度精练、严谨,这也是为什么应该重视教材的原因。

我相信,应该在高考复习中注重这些东西。

4　班主任工作

陪学生一起走过高三
——高三学生常见心理问题归纳、原因分析及解决初探

高三是重要的,但不该扭曲;高三是充实的,但不该压抑;高三是快乐的,不该充满灰霾。很多人都认为高三应该是黑色的,"只要学不死,就往死里学""拼命一年,改变一生""怕吃苦莫入此门,图安逸另寻他处"等口号在高三教室里随处可见。

社会、学校、家庭都给学生制造了令人窒息的环境,家长、教师使得学生在重压之下难以抽身。关于高三人们谈之色变,身处其中的高三学子,他们的一举一动都会被放在显微镜下拿来揣摩,在高三的某个阶段,大部分学生或多或少都可能会出现心理健康问题。

笔者作为高三班主任,与学生朝夕相处,对学生的心理健康问题做了系统的调查、分析和总结,并对解决这些问题做了探索,现整理如下。

高三学生心理健康问题主要归纳为这样几类:灰心丧气、烦躁焦虑、散漫无斗志、考试紧张等。一种心理问题可能由多个原因造成,一种现象也可能反映多种心理问题,所以本文针对可能会产生心理问题的原因,逐一分析,依据心理问题产生的根源不同,其原因可以分以下几个方面(图4-1)。

图4-1 高三学生课堂

一、家长方面

高三学子并不是一个人在战斗,其背后是一个家庭,甚至是一个家族。所有父母望子成龙、望女成凤的愿望都非常迫切,有的家长将自己的愿望寄托在孩子身上,盼望孩子

帮自己实现年轻时的梦想,有的家长期望自己的孩子能够"高人一等",有一个好的未来。不可否认,相当一部分家长对孩子的期望值高于孩子的实际能力,而这种期望通过各种方式频繁表现出来,高三学生对这些问题又比较敏感,很容易捕捉到这些讯息。当孩子多次没有实现家长的阶段性目标时,便产生了抵触情绪,心情低落。如果继续发展,将会导致孩子烦躁,考前焦躁不安,害怕考试,甚至逃避考试,也就是我们常说的考试综合征。

家长会前,我尝试用写信的方式让孩子们和家长进行坦诚交流,小 Z 的信让我对这个看似大大咧咧的孩子感到震惊。

妈:

说实话我也不知道该说些什么,但是我压力真的特别大,我怕会考不好,特别怕,可以说是恐惧,我也不知道该怎么办。

有时候我特别害怕回家,特别不敢面对你和爸。特别是你说已经花了多少钱啊,让我努力学,别让人笑话,特别是说爸不容易什么的时候,给我的压力特别大。我怕你们失望,现在的我就像每天背着很重的背包一样,很累很累,我有的时候想逃避,想离家出走,这些我都想过,有的时候我真的特别无助。

有的时候我感觉自己马上就要崩溃了,真的有那种感觉,当我很累、很无助的时候,我就会想去世的爷爷,特别特别地想,然后哭出来就好多了。妈,我现在不敢和你待太长时间,我怕你又唠叨,然后吵架,那样会使我更累,我也很理解你和爸,你们压力也很大,这我都知道。

我感觉我现在变得特别胆小,不敢去尝试任何事,很多人都觉得我很快乐,没心没肺,其实他们都错了,我比谁的压力都大,每天我都要伪装自己,因为我只有没心没肺,才不会把坏心情的一面表现出来。

我渴望成功,渴望明年这个时候能够在大学里开始我的大学生活,但我真的害怕失败,害怕最终结果根本不是我想要的。

我也不知道当你看到这封信的时候是什么感受,但这是我的心里话,一直想说的话。

小 Z

另一个学生小 C 的家长倒不唠叨,而是鼓励,但这种鼓励听起来却变了味。"我觉得我们家闺女一定能考个二本的,是不是啊?""我觉得我们家宝贝这次数学一定能考 120 分以上,是不是啊?"

孩子们给家长的公开信透露出,在这个 48 人的高三班级里,家长和孩子能够像朋友般和谐相处的只有 5 人,家长表达的期望能够在孩子的承受范围以内的有 11 人,有一半以上的孩子感觉家长施加的压力过大,其中压力特别大、难以承受需要立即进行心理干预的有 3 人。

家长任何时候都应该做孩子的坚强后盾,孩子遇到了再大的挫折,考了再低的分数,家长也应该勇敢面对，还有很多事物比好成绩、好大学重要，比如健康。家长对孩子有期望本无可厚非，但是这种期望如果没有转变成孩子的内驱力，而是变成巨大压力的时候，它不但不能够帮助孩子进步，反而成了一种阻碍。

孩子们之所以有这些问题，和家长的认识、家庭的氛围息息相关，可以这样说，如果家长不能正确认识高三，那么孩子也就不能正确认识高三。所以，在高三开学大约两周之后，我召开了第一次家长会，主要内容就是对家长进行培训，指导他们怎样去做一个合格的高三学生家长。

我让孩子们给家长写信，以坦诚交流为主，内容自定，字数自定，充满正气，传播正能量。这对很多家长和孩子来讲是第一次，有孩子坦言这是人生中写给父母的第一封信。除了少部分孩子放不开，没写出实质性内容，大部分同学的信都起到了超出预期的效果。有的家长捧着孩子的信笑得咯咯不停，这是家庭和谐的表现；有的家长捧着孩子的信读了又读，看着朝夕相处、从小养到大的自己孩子写的字，心情沉重，好像此时才懂了孩子的不易；有的家长读了孩子的信感动得泪流满面，这封信似乎才让家长看到了孩子的内心世界，真正明白了自己的孩子已经长大了，有了自己的思想。

我给和孩子沟通不顺畅的家长提出建议：多关心孩子的衣食住行，创造轻松、充满欢笑的家庭氛围，如果发现孩子的状态不对劲儿，可与班主任取得联系，共同探讨问题。孩子们每次考试成绩起起伏伏，存在低谷状态实属正常，给孩子自我调整的时间，不要孩子还没怎么着急，家长已经焦虑得厉害了。如果孩子主动和家长交流，那家长就做一个认真的倾听者，如果孩子不愿说，家长也不要问，如果实在想了解，可联系班主任。班级成立家长教师 QQ 群，做定期交流；家长也可以随时将自己遇到的问题、困惑在群里留言，等待解答。

二、考试方面

经历考试是高三应有的节奏，但是每一次考试，总能在孩子们心里掀起波澜。

一次普通的月考前，班里有 3 名学生找到班主任请假，要求不参加这次考试，问其原因，说是感觉近一段时间学习状态差，没有认真学，担心考得分数低，名次下滑，让同学们笑话。在苦口婆心地劝走两名同学之后，第三名同学说什么也不参加考试了，听语气不是商量，而是通知。我在综合考虑之后，最终同意了孩子的请求。

刚刚赶到学校，学生小 J 的家长发来短信："老师，帮忙观察孩子的情绪稳定了没有，可能我中午在家打电话影响了她休息，闹情绪说不考试了。"我赶忙赶到考场看了看孩子，发现没什么问题，于是回短信安抚了家长。

家长告诉我，孩子每次考试前总会出现一些反常的症状：无缘无故大发脾气，失眠，休息质量差。我猜测，孩子可能患上了考试综合征，于是考完之后我找到小 J，进行了一番谈话。

我："怎么情绪有点低落？""考得不理想？""考前没有复习好吗？"

小 J："嗯，考试前一周就开始情绪不稳定。作息时间、学习计划发生混乱，感觉有很多需要查缺补漏的地方，但总不能静下心来学习，好不容易有自由时间，可是翻看了没几页就再去看另一科，同样是深入不进去，越是着急越是休息不好，白天昏昏沉沉，上课效率也很低。"

我："发脾气吗?"

学生："嗯，在家里总是大吵大闹，我知道爸妈已经很迁就我了，极力为我创造了一个很好的学习环境，我就是控制不住自己，我的坏情绪也影响了一家人，自从我上了高三，家里的欢笑声少了很多。"

我："那你觉得考试重要吗?"

学生："我觉得考试很重要，因为上了高三总想证明自己的实力。所以就把每次考试看成一次大显身手的机会，可每次考试都达不到自己的理想成绩，甚至原来比我差的同学也比我考得好，我与目标同学的差距越拉越大，这让我郁闷。"

通过调查，我了解到，出现这种情况其实与学生们对高三的阶段检测认识不到位有关。于是，在下一次考试动员会上，我在黑板上写下了"考试"二字，然后让同学们讨论，阐述自己的认识。

"我不愿意考试，主要是不愿看到考完试后自己的分数、名次不如意。"这代表了很多人的观点。

"我也不愿意考试，但这是高三应该有的过程，历届高三都是这样，所以即使心里不愿意，也只得去接受。"能够在无奈之下进行心理调整是一种好现象，但有被动的意味。

"我也不愿意考试，因为这意味着考试之前牺牲一切娱乐时间，得好好复习。"

"我倒是喜欢考试，因为考试期间没有了堆积如山的作业。"学生说完之后笑着坐下了，好多同学也笑起来，好像是意外发现了考试的一个优点。

"我也喜欢考试，因为当我学习状态浑浑噩噩时，一次考试能让我头脑清醒。"

我趁着气氛热烈总结了一句："我们害怕考试可能是因为害怕暴露出自己的弱点、问题。"然后我又泼了一盆冷水："其实我们应该感谢平时考试暴露出来的问题。"学生们大惑不解。

我接着说："幸好是平时暴露出这些问题，因为还留给我们时间来解决，万一这些问题在高考中暴露出来，那可只有后悔的份了。"学生们听后倒吸了一口凉气，虽然都没有多说话，但都在点头。我接着说："也可以把考试当成做练习，因为平时作业太多，很多时候为了赶时间，对题目不求甚解，甚至只是大体想一个思路，简略地写几个关键词，写关键步骤，不够细致，做题质量不高。但考试就不一样了，为了多考分数，都尽自己最大努力去做题，做题质量高。另一点，我们近一段时间学过的内容掌握得怎么样啊? 我们的学习状态如何呢? 自己说不清楚，当局者迷，怎么检验呢? 答案是通过考试。考试的最大收获不在于自己考了多少分，不在于考了第几名，而在于暴露出来的问题，只有把问题解决了，我们才能真正进步。从这一角度讲，我们应该感谢考试。"

学生们恍然大悟，都愉快地投入复习当中。

三、学习方法方面

一天晚自习,学生小 W 和小 T 找到我,情绪低落,我问:"怎么了?"两个学生问我:"为什么我很努力,成绩却不见提高?"

这两名同学一直徘徊在前十名以外,但都曾被同学们选举为全班学习最努力的同学。小 W 一直被认为具备前十名的实力,却每次总会出现这样那样的问题,成绩不理想,其他同学都为其惋惜。开学初的小 W 斗志昂扬、满面春风、自信满满,但经过一个多月的学习,信心几乎荡然无存,如果再不加干涉,可能陷入认命、自暴自弃、不思进取的局面。小 T 家境一般,所以比其他同学学习更加努力,但是似乎命运弄人,成绩却一次次不见提高,让这个本就不自信的孩子变得灰心丧气、满脸愁容,在小 T 身上看不到一点儿这个年龄该有的朝气。类似的学生还有不少,他们也有着同样的无奈:为什么我很努力,但成绩不见提高?高三是一个需要毅力、斗志的阶段,但是有几个同学能在多次打击之后还依然斗志昂扬呢?很多人就是因为努力之后不见提高,从此心灰意冷、自暴自弃。

面对这种情况,如果仅仅是进行励志教育,可能一段时间内起作用,过了这段时间又旧病复发,治标不治本,必须从学习方法方面予以指导并培养学生养成良好的学习习惯。针对学生"我已经很努力了,为什么成绩不见提高"这一疑问,在每次考试之后,我都会召集心灰意冷的学生进行座谈。我主要在三个方面提建议:一是避免陷入题海战术。高三没有一定的做题量是不行的,但是只做题不反思不总结就是题海战术。题海战术不仅浪费了宝贵的时间,而且使自己身心俱疲,出现题目做过两遍、三遍还依然出错的情况,就是因为只做题不总结。跳出题海战术的关键就是正确对待错题,应该建立错题集,并定期进行复习,将做过的错题,也就是自己的知识遗漏点补全补齐。时间再紧迫,这项工作也要做,只有消灭了知识盲区,才会有提高。二是逻辑严密的试题尤其是历年高考题、优秀模拟题,可以试着写答题思路,还原做题的心路历程。如果做错了就将真实的思路写出来,和老师一起分析,之所以把题做错,问题到底出在哪个地方?并培养学生正确的答题思路,培养学生合理的、严密的思维过程。三是对于错误率较高的题目,可在历次考试中找出同类型的题目,有针对性地加以训练。

和学生谈了心,给学生提出合理的建议之后,后续的跟进反馈也必须到位,及时提醒、核查、督促学生落实这些措施。当学生慢慢有了进步,自信心也就建立起来了。有了自信,悲观情绪将一扫而光。

四、目标达成方面

数学课刚结束,任课老师找到我告状:"班里的小 L 整节课都在睡觉,我走过去提醒他,他懒懒地抬起头,一副很不情愿的样子,情绪低落,你关注关注吧!"送走了数学老师,我来到教室,发现小 L 依然趴在那里,教室里熙熙攘攘,他不可能睡得着,但是我如何去唤醒一个装睡的人?

小 L 属于一般老师眼中的后进生,因青春叛逆期没有很好地度过,导致上高中后成绩一落千丈,加上其他恶习不改,曾经受到过处分,家长也经常被"请"到学校谈话。高二进入我班后,经过多次沟通交流,违纪的问题已经很少发生,但是学习成绩却很难有实质性提高。进入高三,其他同学都在埋头苦读,小 L 开学初也曾努力过一段时间,当发现大部分时间都像听天书一样,发现无论怎么努力成绩都不会提高时,自己也就放弃了。放弃之后的小 L 整天精神萎靡不振,对待任何事情都失去了兴趣,眼神中透着迷茫。我看到孩子成了这个样子,感到可怜、可惜。

类似的精神不振的孩子也有几个,当某一次考试成绩差时,当碰到一套难度较大的试题时,当成绩不见提高时,当自己的现实处境与心中理想相差甚远时,在这些暂时的困难面前,学生往往会打退堂鼓。为了激励孩子们,我定期和学生们进行直达心灵深处的谈话,并进行励志教育,占用时间不长,但是效果不错。

小 L 之所以自暴自弃,是因为自己没有目标,他认为考大学已经无望了,过一天算一天吧! 考不上本科可以考专科,考不上好专科可以考高职,考大学不是唯一目标,经历这一过程本身就是一种财富。

近期,为了激励同学们,我给他们讲了一个小故事:有两只青蛙掉到一个坑里,它们想跳出这个坑。在坑外面有许多青蛙,看它们跳了半天跳不出来,于是就喊:"你们不要跳了,再费力也白搭,你们跳不出来的!"其中一只青蛙听了以后就不跳了,结果太阳升高以后它被晒死在里面。另一只青蛙还是照样跳,越跳越卖力气,最后终于跳出了坑。当它跳出这个坑以后,其他青蛙问他:"都跟你说别跳了,你为什么还跳?"这只青蛙说:"我耳朵不好,我只看见你们在喊,我以为你们在喊加油,所以我就拼命地跳。"放弃,将永远不可能成功。或者我们过于看重结果的时候,不可能走出一个精彩的过程。相对于结果,很多时候过程更重要。

任何阶段的学习都应该是快乐的、幸福的,高三也不例外。生活的美,正源于生活中的点点滴滴。当多年之后再回首这段往事时,学生们可能会报之一笑。

教师能陪伴学生度过人生重要的时刻,本身就是一种幸福。

给张吉童①同学的一封信

吉童:

你好!今天是你的 17 周岁生日,首先祝你生日快乐!

用这种方式祝福你,对你来说可能是第一次,如果有缘能教你们到高三,明年还会有第二次。

17 岁是个很轻又很重的年龄。之所以说它轻,是因为 17 岁是一个人的青春花季,在这个年龄,我们可以有很多憧憬,我们可以想象自己将来游弋于更繁华的都市,可以想象自己将来穿梭于著名的象牙塔尖,可以想象自己实现了人生最大的梦想;之所以说它重,是因为 17 岁的你正处在人生中最关键的岁月,一个绕不开的话题——高考,在高考前一年,迎 来了 17 周岁生日,生日之后的一年,将见证你的努力,你的拼搏。你的梦想最终能实现到什么程度,取决于接下来的一年里你付出多少努力。

你是一个正直、勇敢、多才多艺的孩子,同学们对你的认可是对你最大的诠释。"一站到底"的赛场上,依然留着你才压群芳的辉煌;班级管理中,活跃着你辛勤付出的身影;小组激情讨论中,少不了你的坚强后盾。然而,检验你的最好舞台还没有出现,那就是在一年之后的独木桥上。

你才华横溢,但再好的才华也需要一个舞台。毫无疑问,更好的舞台能够助你飞得更高。然而,要登上它绝非易事。教室后墙贴着几篇文章,希望你有时间能仔细体味。《我们都不是神的孩子》,不经风雨,不可能见彩虹,不经努力,不会考上好的大学,你收获的多少一定会和你的努力程度成正比,这是一定的。《你凭什么上北大》,也让我们见识了什么是拼搏,一个原本不怎么努力,习惯较差的学生最终能考上北大,这其中的酸甜苦辣旁人根本无法体会。仅仅看着这些文字我们就为之动容,真要切切实实体味一番,不知会是什么感想。

你有进入班内前八名的实力,更或许不止于此,你有考进名牌大学的智商,但眼前需要做的有很多很多,事情得一件一件地做,话得一句一句地说,这是一次持久战,不是一次闪击战,比的是坚韧不拔、持之以恒。我希望你能充实、踏实,并最终收获累累果实。

你的老班加朋友

---

① 该生为 2012 级学生,高考以班内第二名的成绩考取黑龙江大学,后留学日本。

你在窗外"偷窥"了吗？

——陪伴胜过监督

　　凡有班主任阅历的老师，基本都做过这样的事情：踮起脚尖，从教室门外向内偷窥。这种事情，对于我这样一个年轻班主任，更是经常用的利器，但是，随着时间的推移，我已经很少用这一方法了。

　　后来学校安装了电子监控，一时间坐在办公室查看监控成了很多班主任管理学生的法宝。当学生在教室做了所谓违纪的事后，班主任派人把涉事同学叫来，指出学生犯的错误，学生有时会撒谎，不承认，这个时候班主任会打开监控，找出证据，在证据确凿的情况下学生不得不承认错误，于是班主任利用监控成功"破获"了一起"案件"。刚开始我也因为好奇，查看监控，但是随着时间的推移，我放弃了这一做法。

　　安装了监控，学生的确老实了很多，但是不是学生真的变好了，素质变高了，我们的教育水平上了一个台阶？我看未必。

　　曾几何时，我也喜欢往学生堆里钻。我喜欢课间突袭，看看有没有玩儿手机，看课外书的；我喜欢课前一分钟突然出现在学生面前，看学生有没有静下来；我喜欢在学生都放松时从教室后门杀进去，给正在违纪的学生一个措手不及，以便"人赃俱获"。后来我发现，每次自己的出现都会让一些学生战战兢兢，即使没有犯错，从不犯错的学生，见了我都会害怕三分，被我"生擒"的学生自然有口难辩，侥幸逃脱的学生怀着看热闹不怕事大的心态在一旁坏笑。后来演变成教室门口有人放哨，我在楼道拐角处一露头，立即有人扭头报信："老班来了！"

　　这一时期的学生的确乖了不少，班级常规量化考核也从未出过年级前列，我却愈发高兴不起来，因为我发现学生幸福不起来。在此期间，我发现慢慢地把部分学生培养成了一面撒谎、一面狡辩的两面人，表里不一。学生的不违纪也不是出自真心，而是出自老师的威严，出自对惩罚的害怕。我不断问自己：我想要的是不是学生的这种乖巧？我所给予学生的是不是学生想要的？我如此亲近学生，为何换不来和学生的亲如一家？这种环境是否适合学生的成长？这是不是学生成长的最佳环境？一系列的问题让我愈发不安，一个人的成长应该有一定的空间，而我并没有给学生属于他们自己的半点儿天地，一时的相安无事会不会换来永久的太平？

　　在此我再一次拷问教育的目的是什么，学校教育到底是让学生不犯错、不违纪、老老实实、小心翼翼、如履薄冰地过三年，还是要把最终会踏入社会的学生在踏入社会之前培养成合格的公民？很显然，教育的目的是后者。人在成长的过程中不可能按照设定的程序运行，一定会出现这样那样的错误。

慢慢地，我去教室的次数少了，不是我懒得管，而是我觉得班主任之于学生的作用不是监管，不是监控，而是陪伴。当学生们在教室里安安静静地听课的时候，我在办公室里安安静静地批改作业、备课，这种相安无事的状态让我非常惬意。我不再担心学生会因为没有了监管而放松、放纵自己，虽然我知道肯定会有几个学生并没有全身心地投入学习，我在场就能解决问题吗？我耳提面命就能让孩子好好学习吗？不能，该给孩子们的鼓励、激励我做了，该怎么学习效率才能更高我也说了，绝大部分的同学也都听进去了，每个孩子都在适合自己的节奏中行走着，还用得着我去监控吗？不用，教师的作用不是监控，是陪伴。

我在办公室里做着自己喜欢做的事情，我不去找学生，学生没事也不来找我，很多时候整整一上午学生也见不到我，但是学生们不担心，他们知道我就在他们身边，当他们需要帮助的时候我能"起身恭迎"。学生慢慢在我面前表现得自然了，他们会偶尔调皮一下，但分寸把握得很好。

教师的作用不在于用成人的标准去要求还处在童年、青少年时期的孩子，教师的作用不在于给孩子设定既定程序让孩子不越雷池半步，教师的作用更不在于在孩子出现了错误时担当惩罚者的角色。在一个人成长的过程中，起作用更大的恰恰是一些所谓的错误、挫折。

教师的作用应在于陪伴孩子一同成长，当孩子有什么苦恼需要找人倾诉时，教师就是一个倾听者；当孩子某段时期感觉迷茫时，教师能及时帮他理清头绪；当孩子受到伤害需要一个心灵的港湾时，教师能随时随地伸出接纳的双手。

学校培养的是最终要踏进社会的人，当孩子们接受了十几年教育，而走进社会后发现与环境格格不入时，不能不说是我们教育的失败。我们今天的不放手，今天的事无巨细、一手包办，换来的是孩子明天的无所适从。今天有老师、家长帮着孩子成长，帮着孩子们少走弯路，当这一切都没了的时候，已经形成惯性的孩子该向谁去寻求帮助呢？

我不再在窗外踮起脚尖"偷窥"，因为我明白了：放手，也是一种爱。

放眼观世界
——开启心灵的一扇窗

　　我所带班级住校生较多,学生每四周放假一次会回家,在家的时间有限,学生普遍与校外联系较少,对社会、国家、国际上发生的大事知之甚少。学生平时除了学习,在校活动之外,几乎没有什么其他事情可做。学生的书也绝大部分是教材、辅导资料,学生对当今时事政治、最新科研动态、各种观点的碰撞等都知之甚少。

　　在学生思维最活跃、极度渴望探知外面世界的时候,因为要学习,也因为学校的管理和资源配备,他们和外面的世界几乎隔绝。而学生们在长时间听课、做作业之后也会感到疲倦,尤其是周末自由时间较多时,学生们不知道该怎么打发时间,于是,我和同学们商议,组织全班学生开展“放眼观世界”的活动。活动的操作要求如下:每周的班会课拿出十分钟时间,由一名同学给大家做报告,内容可以是最近发生的国内外大事,可以是对世界科技前沿的探索,可以是将自己最喜爱的某一个领域讲给大家听,也可以是给全班同学介绍一本好书,总之内容不限。可以是口才演讲,可以制作 PPT 展示,可以是朗读,也可以是说唱,形式不限。

图 4-2　活动课

内容不限、形式不限,但必须能传递正能量。全班六十名同学按学号轮流参与,走读生有着有利的条件,当较长时间不放假时,可安排走读生进行;学校两周或是四周一放假,放假期间由住校生准备。孙成跃同学负责安排具体时间和主讲人,并担任主持工作(图 4-2)。

　　活动的要求可以在实施过程中根据出现的情况做一定的修改,以便更完善。

一、活动的目的

　　开展这一活动的目的是开阔同学们的视野,但活动实施之后带来的效果早已不止于此,同学们为了把握住这样一次在全班同学面前露脸的机会,绞尽脑汁思考怎么样才能让和自己朝夕相处的同学眼前一亮并印象深刻。同学们不但好好准备了自己的内容,而且也多次上台做了演练,一些不善于在公众面前讲话的学生也受到大家鼓舞,勇敢地进行了尝试。

二、活动的实施

不善言辞的 D 同学把 PPT 一展示出来，立即引起了大家的惊呼，精美的图片尽是些世界各国枪械，遍布于全世界、原产自苏联的 AK47 枪，从它的研发、结构，到它的使用、推广，从它的优点、缺点，到它的改进，从 AK47 的生命历程到发明人的生平，足足给大家上了一课。

C 同学成绩较差，平时寡言少语，同学们想与她多交流却总是不知如何去接触。轮到 C 同学主讲时，班长问我怎么利用这一机会改变僵局时，我告诉他们仔细、耐心聆听就是最好的方式。C 同学来到讲台，因为这样的锻炼机会实在是不多，所以显得极不自信，开口讲了几句话后有点卡壳，讲不下去了，下面的女同学赶紧鼓励："讲得很好，你的内容很吸引人。"于是，在略做调整之后，C 同学很顺畅地讲完了自己准备的内容。内容是他自己最喜欢最擅长的绘画。从课件的制作，到内容的深度、精彩程度，都看得出他付出了巨大的努力。事后我和家长联系时，家长也特别提到了活动前后孩子的变化。为了让自己的发言更好，孩子提前两天开始准备，周末也没有休息，甚至一直做到晚上 11 点多。我明白孩子的想法，对于少有的这样一次机会，虽然只有七八分钟，但孩子绝对拿出了自己最好的一面展现给大家。C 同学在这次展示之后和大家的交流也变得越来越多，越来越自信，当大家真正了解她之后，也发现了一个平时被忽略的孩子的内心世界原来也如此精彩。

这样的活动我觉得越多越好，不组织不知道，当真正去思考之后实施，我们会发现，孩子们其实都在某一个方面有着巨大的潜能，只是我们需要给孩子一个展现自己的机会，需要给孩子一个发现、挖掘自己潜能的机会。

你不是一个人在战斗
——班主任孤立无援怎么办？

经常有人调侃，班主任是世界上最小的"主任"，却干着最多的活儿。"忙"是班主任最常见的生活节奏，学生的生活要管，学习要管，卫生、纪律要管，人际关系、心理问题也要管，可以说无所不管，管尽"天下事"。班主任不但得事事出现在第一现场，如早读、课间操、自习课、大型活动，而且还要时时"提着心"，有时虽下班已回到家或是周末已放假，还得想着最近班里又出现了什么问题，该问题怎么去解决。班主任除了完成正常的备课、讲课等教学任务，还得参加学校的会议，安排学校的任务等。尤其是开学初、考试后、学期末，班主任更是忙得要一分钟当成两分钟用(图4-3)。

"累"，是班主任共同的心声，虽说看到孩子们成长、取得成绩时，会感到欣慰，但是依然冲不淡忙碌时的心酸。很多班主任感觉孤立无援，为何这么多事需要我去处理，为何这么多责任需要我去承担？

其实，班主任感觉无助，与自己心态不稳定有关。在做班主任之前就应该有心理准备，工作过程中肯定会遇到这样那样的烦心事，生闷气是拿孩子们的错误惩罚自己，对问题的解决没有丝毫帮助，对自己的身体也有害无益，还不如保存精力去想办法解决问题。换一个角度讲，当我们把孩子们真正看成孩子的时候，他们的错误自然就可以原谅了，冲动、稚嫩本就是青春年少的印记，如果让孩子们都变成成熟的小大人，反而是一件很可怕的事。

图4-3　课堂上的班主任

班主任的累、忙、孤立无援，与工作无穷尽，职责无边界也有关系。并没有人对班主任的工作范围做过明确界定,几乎所有的事情都与班主任有关,甚至有的学生家庭闹矛盾,父母离婚都寻求班主任出面干预。班主任需厘清自己的职责范围,不该管的事情,大可理直气壮地说出原因,委婉拒绝,有些事情虽与学校有关,但是已经超出班主任管理的范畴,完全可以委托学校管理。

班集体不是班主任一个人的,这个集体与班主任有关,也与学校、家长有关,更与学生有关,所以完全可以调动多方力量参与管理。

第一,学校各部门及领导,他们是班主任的坚强后盾,当学生的问题已经超出了班主任的管理范畴时,完全可以把事情交给学校管理。当然,班主任不可以任何事情都交由领导处理,毕竟每个人有每个人的工作,处理好自己的分内之事是职责所在、理所应当。

第二,科任教师有参与班级管理的义务和权利,班主任要在班级建设过程中吸引科任教师的参与,让科任教师有一种归属感,建立主人翁意识。

科任教师有发现班级问题、参与学生交流的得天独厚条件,自然有些班级管理工作就可以多让科任教师献计献策。身边的有多年丰富带班经验的优秀班主任也是一座丰富的宝藏,当有难处理的问题时,完全可以谦虚谨慎地咨询他们的意见。

第三,随着一些新的教育理念的诞生,家长参与班级管理的案例也越来越多。目前我校成立了家长委员会,陆续推出一系列活动吸引家长参与其中。家长来自各行各业,他们的阅历、职业体验各不相同,同时部分家长参与班级管理的热情极高,只是苦于没有机会。班主任可搭建合适的平台,发挥家长的巨大力量。

第四,班主任最大的助力还应该来自学生。一方面,如果班主任不放手给学生,所有事情都自己一手抓,结果就是不但事情做不好,而且还会让自己身心俱疲;另一方面,所有事情都在班主任的包办下完成,学生做事情的机会都没有,能力自然得不到锻炼,将来能否适应社会都是个问题。要放手给学生,调动学生的积极性,没有一套完备的班级管理体系是不可能做好的。那样,班主任将会像救火队员一样应付于各项繁杂事务中,而越是繁忙,各项事务越是"摁下葫芦浮起瓢",事情不但多而且难处理。

首先,班级管理应该靠"法"治而不是靠人治。有了一套完善的班级管理体系,能最大限度地减少班主任的工作量,班主任可以避免遇事先思考,有现成的处理措施拿来即用。在班级建立之初,班主任要和同学们共同制定科学合理的班级规章制度,可以先拿给学生以前带班时用过的版本,学生以小组为单位共同探讨,在原有的基础上修改。以小组为单位提出修改意见后提请全班同学审议,如有半数以上的同学同意,则该修改方案通过。所有同学都通过的班级规章制度便是班内的最高"法律",该制度涵盖要广,规定要细。当然,班规中应有奖有惩,犯错误要罚,做好事有进步要奖,奖惩并用。在以后的班级管理中,可根据暴露出来的问题提请审议修改。有了这一规章制度,班内的大小事务便有法可依,有专门的同学负责解释,有专门的同学负责提醒、监督执行,如果最终问题依然没有解决,这个时候班主任再出面。这样能避免一些琐事占用班主任的时间、精力,班主任可在班级管理中抽出身来做更有意义的事。

其次,培养好优秀班干部,调动学生进行自主管理是解决班主任孤立无援的最好措施。最好的管理是自我管理。好的班干部是班主任的左膀右臂,班干部如培养得力,能替班主任分担大部分事务。一个事无巨细,任何事务都亲力亲为的班主任并非就是一个好班主任。魏书生说过,该学生自己做的事别人不要插手,该班干部处理的事班主任不要代劳。一个班级肯定有一部分工作能力强、责任心强的同学,可发展这部分同学参与班级管理。班级运转一段时间待学生彼此熟悉之后,选举 5~7 名值日班长,值日班长轮流管理班级,值日当天的一切常规事务都由值日班长总负责,遇重大活动各值日班长共同出谋划策,实在解决不了的问题可召开班主任参加的班级大会,以小组为单位共同商讨解决办法。值日班长制度走向正轨前先对其进行两到三周的培训,让他们从熟悉工作到能做好工作。但如果任何事务都由这些班长来做的话,会影响他们的学习,打击他们的积极性,有些具体事务完全可以让一些富有责任心的同学来做,所以除这些班长外,那些不善于做人与人之间管理工作但能仔细认真地完成分配给自己具体性事务的同学,可根据班内事务选为班主任助理。例如:教室课桌经常被弄得七扭八斜,看起来不整齐,可专门安排一名同学负责整理桌椅;班级图书需要人整理,那就找一个喜欢看书又干净利索的女同学负责整理图书;班内的常规管理中会有一些违纪行为及一些好人好事,那就专门找一个写字漂亮的同学负责记录,违纪行为由班长、班主任提供,好人好事可自己决定怎么写;等等。这样的班主任助理可以根据需要多设置一些。根据班内的事务,根据同学们的特点,让更多的同学们有一份班级责任感,也让更多的同学有为班级做贡献的机会。班主任可以做监督、检查工作。有更多的同学为班级事务着想,有更多的同学为班级做贡献,班主任将能更好地解放出来,好钢用在刀刃上,更好地集中精力处理重要事务。

班主任工作是琐碎的,要有对待事业的信心,对待学生的爱心和对待事务的耐心。当我们真正沉浸到教育学生的乐趣中,把学生当朋友,把培养孩子健康发展当成最大乐趣时,我们会发现,教育是一个大有可为的事业,是一个足可以让教师收获一生幸福的职业。我们每天的工作本身就是一个学习、进步、积累的过程,积水成渊,积土成山,我们的坚持一定会换来成功。对于老师每一次真正的爱,学生都会铭记于心,然后会出其不意地给老师惊喜。班级事务再多再烦琐,做一件总会少一件,事需要一件一件地做,路需要一步一步地走,教师应该具备应对复杂局面的稳重,面对烦琐事务的耐心。

每一棵小草都有权利享受阳光
——如何让转学而来的孩子融入集体

学生小 C 是高二开学初从县中转学而来,刚到班级时有同学悄悄告诉我:"我和她是初中同学,要不是我们初中班主任太有威严,真不知道她会发展到什么地步……"我倒吸了一口凉气,看来这名同学需要我格外关照。

没过多久,一向开朗的小 J 来找我告状,原因就是同桌小 C 经常干扰小 J 学习。我被小 J 的开朗蒙蔽了,没把这事放在心上,"是你又欺负人家老实了吧!"一句话把小 J 打发走了。可没过几天,陆续又有几个同学找到我,诉说小 C 的不是,无外乎就是自习课说话了,经常迟到了,上课有小动作了,等等。

不久之后班级座次要进行大调整,我尝试着给同学们一定时间,在几个原则下自由选择同桌。还没等开始选,小 C 慢腾腾走来,告诉我:"老师,我想一个人坐在教室后排。"又是小 C,几天的时间竟有这么多事和她有关,我不得不高度重视。选择同桌的最终结果也正好是没有人选择小 C。既然大家都接受这个结果,我也就暂时按照大家的意愿让小 C 坐在了教室后排,但一个个子不高的瘦瘦的小女孩坐在教室的后排很扎眼,怎么看怎么不舒服。

后来的一些活动也再次验证了小 C 不被大家接受,没有融入班级大家庭。有同学没有融入班集体,那这个班集体就不是大家的,而是一部分人的。小 C 孤独地坐在教室的后排,班级的其他同学很团结,教室里很温馨,但这种团结、温馨似乎和小 C 没有一点儿关联,她每天都生活在自己的世界里不能自拔。每当我走进教室,眼前的一幕总在不断地提醒我:找出"病因","治病救人"。

我开始询问小 C 周围的同学,陆续得到一些反馈:小 C 学习成绩差且学习习惯不好,思维习惯和其他同学不一样,其他同学主动和她交流沟通时她通常都抱有敌意;她也经常因为一些小事为班级扣分,同学们也经常受她牵连而一块儿挨老师批评,她却依然我行我素;她经常因为一些小事和其他同学闹矛盾。

仅听学生一面之词还不够,我决定和家长沟通,家长的谈话和我预料的差不多:小 C 非常要强,小时候也非常优秀,但随着初中、高中生活的开始,压力越来越大,看着很多比自己优秀的同学,自己却无所适从,孩子的心态大变,一直接受不了现实。加之孩子性格内向,从初二下学期进入青春叛逆期开始,和家长关系紧张,尤其面对妈妈的唠叨时,会用同样激烈的行为应对,这导致家庭氛围不和睦。家长有时候也试着和孩子谈心,但因为方式方法不对,每次都不欢而散。

我总结了小 C 受排挤的原因:一是特立独行,我行我素,不参加集体活动,没有集体意识,经常习惯性地为班级扣分,从而连累大家;二是无安全感,觉得其他人总是针对、为难自己,所以对别人也总是抱有敌意;三是不善于和其他人交流,不注意方式方法;四是不会和其他人分享;五是缺乏自信,长期封闭在自己的世界里,缺乏敞开心扉的勇气和契机。

针对这些原因,我试着采取一些措施。

从老师和班主任的角度鼓励学生接受小C,并以身作则,只有班主任不歧视学生,一视同仁,树立一个正面的导向,学生们才不至于走极端。很多时候是老师给了一个导向,或是给了一种暗示,或是默认、接受了某一局面,才导致这一局面走向极端。

从班级管理的角度多组织活动(图4-4),尤其是专门为某位同学量身定做一项活动,并让班委和班级其他同学了解自己的设计意图,能够争取到其他同学的帮助。针对小C默认自己是被人遗忘的人,我需要先唤起其他同学对她的认同。小C的绘画水平非常高,我专门组织几个学生组成板报设计小组,由班长小L领头,小C是成员之一,小组内多是一些热心同学,但真正到了设计、绘画这一环节,基本上全靠小C一人,其他人只能打下手,因为我的事先嘱咐,其他同学也乐于帮忙。经过几个晚自习的劳动,制作好的板报终于要和大家见面了,一亮相立刻引来了大家的一片惊叹,赞美声不绝于耳。小C听到大家的夸奖,也欣慰地露出了笑容,能够被大家接受并被大家肯定,自信心也就建立起来了。

图4-4 班级集体活动

班级组织"放眼观世界"的活动,按学号轮流向同学们讲解国内外新闻大事。轮到小C了,没有太多自信的小C讲了几句话便卡了壳,紧张得说不下去,可能在全班同学面前讲话这种情形还是第一次出现,不过有了前一段时间的铺垫,学生不再是排斥,而是鼓励。经过几番调整,小C渐入佳境,同学们也耐心聆听,随着时间推进,大家渐渐发现,小C不但课件制作精美,而且加入了很多独到见解,很显然是有备而来。演讲完毕,大家报以持续热烈的掌声,从此,大家才真正认识了班级里这一个既熟悉又陌生的同学。后来的谈话得知,小C为了这一次演讲,准备了三个晚上,牺牲了周末休息时间。

随着大家的关系越来越融洽,班级开始有同学主动和小C做同桌,小C表现得也越来越好,班集体不再是缺少一部分人的集体,而是真正成了大家的集体。

在郁郁葱葱的森林里,有参天大树,也有悠悠小草,每一个生命都应被尊重,每一棵小草都有享受阳光的权利。

"迟到"引发的教育机会

一天早上，我和往常一样早早来到教室，这个时候学生们已经开始了早读。为了防止犯困，在高二的时候我有一次提议先站立背诵十五分钟，结果这一习惯一直保留下来。学生们背得很投入，我在清点学生的时候发现杨安然同学没有到，猜想可能是迟到了。杨安然其实是一个很遵守纪律的女孩子，一般不迟到，今天迟到了很可能的原因就是遇到了突发事件。

当同学们都在认真听英语听力时，教室的门一下被撞开了，杨安然气喘吁吁地跑进来，同学们抬头略一停顿，于是又都投入紧张的听力过程中。还没等坐稳，班级部主任跟了进来："刚才迟到的那名同学出来。"

杨安然忐忑地走出了教室，我也随后跟了出去。主任并没有太多的批评，但他的威严已经让杨安然有些害怕，我赶紧抢在主任之前批评了起来，打发走了主任，我就已经把这一矛盾转化为内部矛盾。杨安然是一个很踏实、细心，但是心理素质不够好的学生，进入高二下学期成绩已经有明显提高，进入高三以来也一直居班级前列，但成绩单上比较刺眼的是近三次考试都在下滑，我也一直在寻找教育机会，这不，还没刻意寻找，机会就来了。

曾经有一句话：当学生意识到你在进行教育的时候，其实已经意味着你的教育失败了。学生已经意识到我的"抢先严厉批评"其实是在对她进行保护。主任走了之后，我询问迟到的原因，杨安然说闹钟响了，但是因为太困，想多睡几分钟，结果睡过了头。这个解释我完全相信，当然我也没忘批评："单不说你的迟到让自己囧态百出，你进来干扰了大家听听力就已经很不应该了。"杨安然承认了错误，我也并没有过多纠结在迟到上。

我："对于这次考试成绩，你是否满意？"

杨："不满意，又一次下滑了。"

我："考完之后知道分数了，心情怎么样？"（该学生的心理素质较差，曾经因多次成绩不理想而出现焦虑、情绪低落乃至恶性循环的状况，这也是我最担心的。）

杨："也不知道怎么回事，以前考试差了之后心情会糟糕很长时间，但是现在能够坦然地面对了，能够心平气和地分析原因，寻找解决措施了。"

学生怕我担心，又加了一句："老师，您放心，并不是我麻木了，而是感觉自己成熟了。在考完了之后我能够理性地分析原因，我已经早把上次的下滑忘记了，我目前已经集中全部注意力准备一周之后的考试，您就放心吧，我能考好的。"

谈到了这里，我已经很释然了，为自己的学生能够成熟而感到高兴。我相信自己的学生这次迟到是一次偶然，相信学生能够自我调整好，我也乐意看到学生们在高三的高压之下能够快乐、幸福,乐于看到他们豁达、开朗。之后,杨安然高考成优异,考取了重点大学,现就职于杭州一出名公司。

这是一次成功的帮助学生解围并借机开展教育的案例,但班主任尤其是年轻班主任,切记不可有袒护自己学生的心理。并非自己班的学生只有自己训得而别人管不得,借助外力管理自己的班级也是一个管理班级的好方法。在对自己学生有充分了解的前提下,在特殊情境中,上述做法可能很好,但还需要班主任把控好尺度。

教无定法,但这次的确是一次成功的教育案例。

冰释前嫌，岁月静好
——写给学生的道歉信

　　高三的某一天，我的学科作业在催了几遍之后也只是交了三分之二，于是我让班长转告同学们，不交地理作业的同学上地理课时会被罚站。最后，依然有八九名同学没交。实事求是地讲，学生的习惯不好，并且已经渐成风气。于是在我的地理课堂上，我的确让这些同学罚站了，可就在我生气地训话时，学生小 L 肆意的笑惹怒了我，于是我更为恼火，愤怒地让这名犯错学生到教室门口反思。小 L 明显感觉老师在小题大做，在故意刁难她，于是也非常生气，摔门而出。从此，这名学生与班主任的关系异常紧张。为修复师生关系，我开诚布公地写下这封信，全文如下。

　　小 L：

　　你好！

　　对于周五的事情我把所思所想做了一次全面的梳理，现总结如下。事情的经过不必多说，事情的前前后后让我想了很多，这几天正好有时间来思考这件事情。首先我想说出我的感受。事情发生后你去找我解释，当时虽然我在安排同学们整理考场，但思绪一直没有断，一直在思考这件事情的原因、对错，尤其是在思考我错在了什么地方。真正让我生气的是我想好了准备跟你沟通解释时，你却对我根本视而不见，甚至还猛然间撞了一下桌子径直往前走，甩下准备道歉的我，我就半张着嘴待在那里。这一幕其他同学都看得很清楚，你可以问他们。作为一名老师，作为一名班主任，被自己的学生这样对待，我想这是很不正常的。毕竟老师也应该有尊严，毕竟老师不是父母，对自己的父母顶撞、耍赖，他们当时可能也很生气，但父母与子女之间不存在隔阂，用不了多长时间，矛盾总会放下，但是我觉得若是其他关系都不会去无限度地容忍不可容忍之事。

　　先说教室罚站以及让你站到教室后面这件事。你一直觉得自己很无辜，可能你到现在还觉得自己做得很正确，一点儿错都没有。但是我的想法也很简单，我也可以觉得我一点儿错都没有，我这样做合情合理，好像是自己走到哪里都占了百分之百的理。你给我发短信的时候我还是这么想的。我看短信的意思好像是在讨伐我，让我承认自己的错误，让我为自己的所作所为而道歉。其实我当时依然在气头上，我不可能道歉，更不可能反思自己的错误，反而当时如果想的话，只是想着你怎么怎么错了，我怎么怎么对了。我想如果当时交流的话，只能是吵架，根本谈论不出个一二三。我想干脆也不说了，先放一段时间，说不定过后的想法会不一样。

　　说实话，放假这两天本来心情挺好的，但因为这件事，心里总是感觉别扭。

　　课堂上的事我想错误应该对半分吧！如果你没有把心思放在学习上，没有把学习、分数、做题放在第一位，而是总想一些面子问题的话，那这件事我承担百分之百的错误，我真诚向你道歉：我错了，我没有顾及你、你们的脸面，不该让你们站在教室后排，更不该不控制自己的情绪随意体罚学生，尤其是有点儿让你下不来台。如果你还这样想，我可以当着全班同学的面给你道歉，我作深刻反省。

如果你把学习、成绩放在第一位而不是把其他的东西放在第一位，那这里的错误你占 7 成，我占 3 成。我在此之前是这样想的，总有一群同学不去珍惜时间，虽然作业可能多点，但是不做，不交，尤其是班主任自己的学科也这样，实在是说不过去的。我教的另一个班最近状态不太好，但是他们的作业很全，我们比他们早上了一节课，作业早布置了一天，但我们只交了 34 份，这还是我让课代表、班长反复催后的数目，这一反差实在是不正常。这里面的问题到底在哪？是作业太多了做不完吗？是作业太难不会做吗？还是根本就没把作业当一回事？抑或是早已如此，早已习惯成自然了呢？还是觉得班主任只是说说罢了，根本解决不了问题呢？我之所以让没交作业的同学站在教室后面，一是惩罚，二是吓唬吓唬其他同学，以后不犯同样的错误。在说那些话的时候我是想让同学们知道我生气了（而且这件事情也不能不让我生气），我还说了一句，不知你听没听到："你们站在后面的这些同学别说话，说话给我出去！"说完这句话还没有二十秒钟，我看到你在笑，不是一般的面带微笑，是笑得很灿烂，很自然，很开心，虽然没出声，绝不是没交作业的那种内疚，不是在教室后面罚站的那种不自然，而且我感觉是在挑战我的权威。我说了不让说话，而且我还在气头上，然后你笑着看我在生气，也可能我误解了。但不管怎么说，我还在为你们没交作业生气，而当事人却在很自然地笑，我觉得这不正常。于是，我就让你站在了教室外面。我的方式、方法不对，但我的出发点是对的，我这样做绝不是看哪一个同学不顺眼，无缘无故对学生乱发脾气，我只是觉得时间久了，我们都把一些不正常的事当作正常了。不管怎么认为，我也有错误，既然有错误，我就该向你道歉，我以后绝不在班里乱发脾气，绝不处罚同学们。

不管哪一种情况，客观地说，这件事的错误五五分比较合适，老师有错在先。我希望看到一个能随学校、社会、同学做主流的小 L，我不愿看到一个非主流的小 L，我想这是从一个为学生着想，为学生以后担心的角度来想的。我想你也希望看到明事理、讲道理、尊重学生的老班，我努力去做。

段艳华

××××年×月×日

学生接到信后先是惊讶，后来可能在某一个角落反复地阅读，后来虽然没有和我当面交流，但我们默契地冰释前嫌。虽然该生后来的成绩依然不见起色，但我分明看到了一个热情、开朗、快乐的孩子，一个热心班级集体事务而不是处处与班主任对峙的孩子。

班主任必要时放下自己的架子，甚至出现错误时诚恳地道歉也不失为一种好的教育方法，有时会取得意想不到的效果。做班主任要用心，要用心做班主任。

5　教育随笔

蓄势待发

——写在辞旧迎新之际①

"我已在佛前求了五百年,求它让我们结一段尘缘。佛于是把我化作一棵树,长在你必经的路旁……"

——席慕蓉

在某一年的某一天的上午,我拿到了一份名单,在我默默念着这些名字的时候,我知道,和我结一段缘分的"家伙们"要来了。

是的,仅仅是一段缘分,你们走在人生的路途中,走到了北中这块田地,来这里仅仅是歇歇脚,为的是积蓄能量,能够走得更远,你们迟早还要上路的。你们来到北中的一棵树旁停了下来,这棵树可以给你们乘凉,或者给你们遮挡风雨,如果树上还有几个成熟的果子,那你们还可以解解饥渴,积蓄力量,然后乘风破浪扬帆远航。此后,这棵树旁又会迎来一批新的走在路上的人。这棵树就是我。

能够结一段缘分很是珍贵,我们应该倍感珍惜。半年的时间很快,回首间,入学报到、军训、运动会、月考……历历在目。半年的时间里,我们有收获的充实、生活的踏实;我们也有失败、彷徨;我们有欢喜,也有过泪水;我们有过矛盾,甚至不理解,但更多的是和谐(图5-1)。

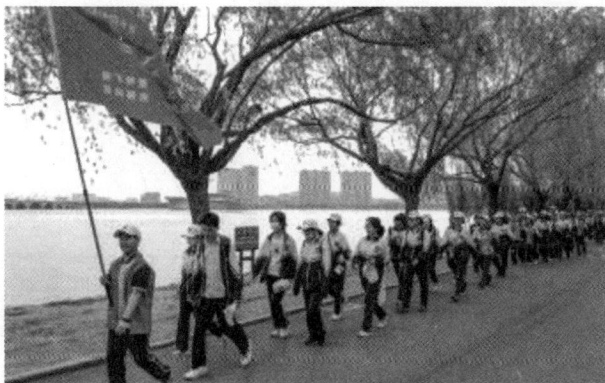

图5-1 新生活动

---

① 本文写于2014年寒假前夕,新班级经过一个学期的磨合,将迎来第一个寒假,写一封小信送给学生,以示鼓励。

在这一学期里,我们都留下了自己坚实的脚印。在高中这段非常珍贵的时间里,我们收获了很多。在军训的几天里,我们迅速融为一个集体;在运动会上,虽然我们没有"称霸一方",但我们看到了同学之间的团结,看到了集体的荣誉感;在早读期间,我们书声琅琅,是一道独特的风景线;在自习课上,我们埋头奋进,努力赶超;在课堂上,我们孜孜以求,努力汲取养分;在月考中,我们奋笔疾书,努力向前。我们的值日班长兢兢业业,为班级走向正轨做了不可磨灭的贡献;我们的课代表任劳任怨,认认真真地履行着自己的职责;我们的班主任助理,默默无闻地维持着班级的正常运转;我们的值日生,不辞劳苦,每天把教室打扫得干干净净。为了表现出我们班级的学习成绩,我们让成绩优异的学生更加努力,因为这代表着我们班级的脸面;为了让更多的学生能够走进大学殿堂,我们努力让一部分同学拔高再拔高;为了不放弃每一个学生,我们软硬兼施,尽可能地不抛弃、不放弃。

在这一学期里,我们也留下了些许遗憾。依然可以看到,仍有一部分同学还在徘徊彷徨,年少不知愁滋味;仍有一部分同学不注意习惯养成,迟到、自习课上交谈也时有发生。我们的班级工作依然存在漏洞,文化建设不够健全,学习氛围还可以更加浓厚,班级激励机制不够创新,各项规章制度还得注重落实,甚至我们的班级常规管理也有待提高。

有遗憾或许不是一件坏事,这让我们更有动力。相信新的一年,我们一定会乘风破浪,扬帆远航。

请珍惜眼前的人,珍惜眼前的事。

给我一双慧眼

——教育的问题就在身边

陶行知先生在 20 世纪 30 年代就提出,真正的教育者不应该只管教书本,那只是教书匠,真正的教育者除教书本外还能在教育的过程中发现教育的问题,并且能通过思考去尝试解决问题。

90 年前的教育者都能提出如此言论,今天,从事教育事业的我们,又是否做到了呢?和教育结缘已过七年之痒的我,不得不进行一番思考。

刚走出大学校门,我便登上讲台,在此之前我是受教育者,在此之后我则变为教书育人者,教书尚能马马虎虎,育人却未必成功。刚开始只是过度关注学生的分数,为了某个学生能够提高一分,我可以专门开小灶,可以促膝谈心。但是,我再怎么尽心尽力,也仅仅是关注学生的分数,而对一群尚未建立牢固世界观、人生观、价值观的高中生进行思想教育,我则只是借助自己高中生涯中残存的一点儿记忆去"蒙混过关"。为此,我付出过代价,有过失败,现在想来依然感觉自己对不住当初的学生。

又是一年带班时,我仍然摸索着前进。在管理中被动地发现了问题,良心让我不能敷衍了事,我决定,寻找一切可能的办法去把问题解决掉。

高二上学期我接手了一个有 60 张全新面孔的新班级。班级在运转了两个月之后,几个班委跑到我的办公室哭诉班级里的一些问题:值日生打扫卫生不积极,不能按时完成自己的任务;课堂纪律差,课前一分钟仍然静不下来;上课效率低,甚至存在起哄不配合老师的情况;课间太混乱,打闹厉害;同学之间存在拉帮结派的现象……

我有些愕然,怎么会这样呢,班级不是好好的吗?近一段时间来我们不是获得了宿舍卫生评比第二名的好成绩吗?我们不是和和睦睦共同参加了军训活动吗?我们不是在运动会上展示出相互帮助、感人至深的画面吗?在阶段学习检测中我们不是取得了优异成绩吗?怎么会有这么多问题呢?难道是班委们杜撰出来的?肯定不是,几个班委同时反馈,绝不是无中生有。我感觉自己有些失败,做教师已经有六七年的时间,竟然被眼前的情况迷乱了双眼,班级已经存在了这么多的问题,而我却蒙在鼓里。我开始反思,是什么蒙蔽了我的双眼?其实问题远没有我想得那么复杂,只要稍加注意,我就能感受到浮躁的氛围笼罩着整个班级;只要稍加注意,我就会看到几个走读的学生因为天气转冷总是踩着点儿跑进教室;只要多往教室走一走,我就会了解同学们课间的动态;只要……

我明白了,不是我看不到,而是缺少一颗善于观察、善于发现的心。不去发现问题,自然用不着大伤脑筋去思考解决问题的办法,自己也落得个清闲。但作为一个教育者,这样是不是就心安理得了呢?没有,远远没有,没有发现问题并不代表没有问题。

从此之后,我多了一双慧眼,一双善于发现教育问题的慧眼。只能发现问题还远远不够,关键是解决问题。

还有十几天就要期末考试,我发现班级学习氛围不浓厚,临近考试依然没有考试前该有的紧张氛围,上课效率不高,课下不见努力复习。我想是该解决这个问题的时候了,于是几天来我就一直在思考解决这一问题的办法。我到处搜集资料,向经验丰富的优秀班主任取经,在阅读教育类书籍时遇有类似的解决办法也注意摘抄下来。经过整理,我总结了四大措施:一是将期末考试倒计时的时间写在黑板的右上角,时刻提醒同学们该注意考试复习了。二是确立自己的考试目标,包括自己要追赶的目标同学、需要达到的目标名次、各个学科的目标分数。为了让同学们制定合理的目标,不至于说空话大话,我要求目标名次最好定在超出自己五个名次以内较好,各学科的目标分数定在超出自己原来成绩五分以内为宜。学生将所定目标写在小纸条上并粘贴在自己的课桌上,时时提醒着自己。三是设置一定的奖励措施,考试之前做好说明,如果学生们考试成绩特别优秀,在年级里能够名列前茅,如果学生较上次考试进步较大,班主任将会拿出自己的物品奖励学生,为获奖同学设颁奖大会,并做成板报予以宣传,让没有得奖的学生找到奋斗目标,让学生们获得学习的动力(图5-2)。四是每天自习课前先写出一天的作业计划,这一天中该做哪些作业,什么时候做,做完作业之后该怎么利用自由时间等,都先计划好,这样学生的学习有了计划性,效率更高。

图5-2　获得奖励同学合照

经过一段时间的努力,班级的学习氛围比以前更加浓厚了,学生学习的目的性、计划性更强了。期末考试后,学生的考试成绩也都令人满意。

经过一学期的紧张学习,面对一个有二十几天的寒假,同学们不知道怎么度过才更有意义。经过询问我得知,学生在寒假期间无外乎睡懒觉、看电视、上网玩游戏、做作业。为解决这一难题,我给学生布置了四项作业:①做一项从没有做过的事(好事);②读一本好书;③看三部奥斯卡获奖影片;④写一篇3 000字左右的学期总结。并告知学生,寒假回校后检查作业完成情况。我将优秀的学期总结仔细编辑之后印刷成册,每人一本,有的学生捧着印有自己文章的小册子兴奋不已,专心致志地读起来,读到兴奋之处捧腹大笑,有的学生甚至连读了3遍。我相信这件事会在学生脑海中留下深刻印象。

我发现班级板报更新太慢,其实完全可以将一些需要特别提醒的文字、特别好的学习方法摘抄出来供大家学习;我发现班级值周(负责打扫学校卫生)工作量并不大,而通常的召集所有同学都参与劳动的做法完全没有必要,效率不高且严重浪费时间,于是我们采用了招标的办法,只用9个同学便保质保量地完成了任务。

只要善于发现,问题的确就在我们身边。

班主任老师在教室的时间毕竟有限,而学生对自己身边的事情了解得会更详细,于是我定期召集部分同学座谈,让学生找出班级问题。学生们思维活跃,且观察仔细,体会深刻,所以学生所提问题也更具针对性。学生提出自习时间为了维持班级纪律,不让讨论问题,这使得有些问题自己解决不了,建议最好拿出一定时间设置讨论课,专门讨论问题,于是我们建立了讨论课;学生提出为了更好记录班级成长足迹,可建立轮流撰写班级日志制度,于是我们有了自己的班级日志本;学生提出可充分利用黑板旁的空间,于是我们建立了名言警句区,由学生按学号轮流书写自己喜欢的励志语句;学生还提出……

我明白了,教育过程中不是没有问题,是我们缺乏发现问题的眼睛。如果要发现问题,我们需要一双慧眼,更需要一颗热忱的心,我们更可以利用自己的左膀右臂——学生来发现问题。

发现了问题,解决了问题,我们的教育自然会越来越好。

放慢脚步,等一等灵魂

——2012 级高二上学期(2013 年下半年)学期自传

"只要能进步,哪怕一点点,也行。"这句话适用于学生,也同样适用于我。

不知不觉间,我在高中讲坛上已经走过了七八个年头。当初大学毕业典礼上听到校长讲"白驹过隙",那时感觉是多么苍白,而现在,真真切切地体会到:岁月催人老啊!每当看到学生坐在教室里认真听课,我就会想起自己的青春。我不太敢坐在学生的座位上,即使不得已坐在学生的座位上也不敢抬头,因为我怕回忆起我曾经的高中时代。

时间过得很快,或许人的一生就是这样匆匆而过吧。时间都去哪儿了?我一时很难回答。如今能回想起的过去的时光,只是零星的几个片段。走过的路已经走过,但实在想不起留下的那些脚印,所以当有一段属于自己的时间时,我希望能停下脚步,摒弃一切杂念,静下心来,回头看看自己走过的路。我想这可以让我更能看清自己,反思自己的不足,总结自己的进步,同样也可以提醒我今后要走在通往理想的正确道路上。

按我校以前经验,高一结束后的文理分科是不再重新分班的,但今年例外。可能有些人觉得这样不好,不过我倒觉得利大于弊。对于注定要带文科班的我,即使不重新大洗牌,原来的学生也会没剩几个。像这样高二开学之后面对新的老师、新的同学、新的环境,学生的可塑性会更好一些。

也并不是完全不留恋原来的班级和学生,但这是没办法的事。暑假里也曾不止一次地幻想:原来班级有几个报文科的学生基础非常不错,再加上邻近几个班的文科生,这种配备足可以让我没有压力。我曾不止一次地偷着高兴,因为我的学生里会有王一凡、罗翔宇、徐亚楠,有这几个学生在,考试成绩的压力就不会太大,因为这几个学生具备这样的实力。

当新学期开始的时候,我的如意算盘被打破。我觉得也不错,这样反而不会让我有什么压力,有时候家长带来的压力是很大的。在和家长的对话中我能感觉到如果这个孩子考不上心目中的大学,家长会很失望。有几个家长对孩子的期望实在太高,让我都感到压力很大,而如今,重新分班使得我完全没有了这方面的压力。拿到新的名单,我默默地念着名字,我在想象着下午报道时会是一张张什么样的面孔出现在我的眼前。

当学生一个个走进 29 班的教室时,我仔细地打量着大家,想从外表观察一下将会与我朝夕相处的学生,然而学生太多,留在脑海的印象并不多。谈不上紧张,因为这样的场面不止一次地经历过,但心里还是有些激动。当我在念每个学生的名字时,我刻意用标准的高音读出来,这样体现了对学生的尊重,这是对学生的第一面的尊重,也是应该有的尊重。

虽然对几个调皮学生我早有耳闻，但我觉得这都不是问题。没有教不好的学生，没有生来就叛逆的学生，每个来到这里的学生，都是我的学生，我是他们的班主任。

军训的开始让我有了更多了解学生的机会。由于是一个新的集体，所有同学都尽可能地把自己最好的表现展示给大家，尽可能隐藏自己的不足。当然，也有同学由于青春期的心理作祟，因为不能以常规的方式引得同学的注意，便开始利用一些所谓的个性来表现自己。只要不是违背原则的个性都是好的，但学生还分不清好与坏，所以有时候很难把握好度。学生训练得也很认真，好几个学生的正能量也在传递着一个讯息：我们就是要拿出最好的状态训练，争取得到一个最好的成绩。会操表演过程中，或许有些紧张，或许是太在意，同学们表现得有些紧，放不开，大家并没有把最好的一面展现出来。这时我看到了学生脸上的失落，成绩不理想固然有些遗憾，但我感觉到学生开始对这个新的班级产生了感情，在乎它的荣誉，这就是我希望看到的。而在客观性更强的宿舍卫生评比中，同学们都付出了辛劳、汗水，我、我们，都有一个坚定的信念，要看看到底能不能把宿舍内务整理做到极致。当然，结果令大家非常满意。新的班级需要逐步走入正轨。所以从一开始我就逐渐渗入各种管理理念。或许在其他领域存在"无为而治"，但在班级管理上，不存在这一理念。管理需要不断地细化，关键是需要执行。再好的理念如果不执行，那也只能停留在纸上。与"一流的理念，三流的执行"相比，我更情愿有"三流的理念，一流的执行"。

在新的学期我也进行了好多新的尝试。不设总班长，只有值日班长。这样做一是给更多学生展现自己能力的机会；二是众人拾柴火焰高，如果七个值日班长能够拧成一股绳，还会有什么问题解决不了呢；三是可以避免占用学生更多学习时间，一些并不需要技术含量、思维含量的事情可以分散给几个学生去做，而不是压在少数几个学生身上。实际情况是值日班长制度运转得非常好。寒假里我也在思考如何让这一制度更加完善。为了让每一个值日班长更好地履行自己的职责，还应该有一个值日班长每周碰头会，由一人牵头，每周开一次例会，各抒己见，班级最近存在哪些问题，这些问题用什么办法来解决，这些措施由谁来具体操作。班长碰头会如有必要可以让班主任列席旁听。如果需要，还可以建立值日班长每天汇报制度，每天拿出最多三分钟，汇报一天里的班级事务，可以是批评不守纪律的同学，可以是表扬好人好事，也可以是通报学校活动安排。如果某段时间班级秩序很不好，也可以在教室后排拿出一套专门的桌椅，值日班长值日当天就在教室后排听课学习，观察、记录、管理班级的状况。

班级卫生值日制度我们采用的是全班同学分六组，每一组负责打扫一周的卫生。实际运行结果喜忧参半，有些环节完成的情况非常不错，而有些环节完成得并不理想，还需要改进。

班主任助理制度能够调动更多的同学参与到班级管理中来，也让同学们意识到自己就是班级的一分子。不可否认，有些环节还可以做得更好。在班级事务的选人方面，在月度最负责的评选方面,在培训管理方面确确实实还有待提高,但这是一个好的尝试。

为了弘扬班级正能量,鞭策违纪同学,我们设立了班级红黑榜,记录着班级里的事务,这让班级目标更加明确。

在班级文化建设方面,我增加了一个板块:撰写班级日志。每天由一名学生轮流撰写,字数、题材不限,在这里我们可以读到同学们的心声。然而也让部分同学写成了生活流水账。

一个不懂得学习的人是不会学得好的,看似在努力学习,成绩就一定上升吗?你学的东西是考的东西吗?付出时间就一定会得到回报吗?学总是比"不学"好吗?不一定。

29班在学期第一次月考中考得不错,但之后出现了松散、学习效率低下的问题。究其原因在于学生没有明确的目标,不知道为什么学、学什么、学了之后有什么用。开学之初的"埋头苦读"仅仅是新环境带来的新鲜感。热乎劲儿一过,自己又回到了从前。在一次班会中我让学生写下高考目标。高二依然没有目标的学生已经是极少数,但问题是大多数学生的目标不切实际。全班几乎所有同学的目标都是一流名牌大学。选择厦门大学的有三个,选择中山大学有两个,有目标是好的,但一半科目不及格、个别科目根本听不懂就梦想着考名牌大学,这是不现实的。在一本书中我看到,定目标也是一门学问。学生学了九年,却从来没有哪一节课教学生定目标,所以在这一方面也需要引导。学生在月考之后的状况就和没有明确目标有关。这个根本性的问题不解决,学习状态不可能端正并持之以恒。

在十月份的运动会上,我们的心态再一次遭遇动荡。对于一个女生居多,没有体育特长生的文科班而言,运动会就是一个节日,跟着大家玩玩儿就行了,我们不可能寄希望于取得很好的运动成绩,这也不是我们的长项所在。但这样的话不能说,毕竟还有参加运动会的队员,不能打击他们的积极性。在运动会上,有一件事令我特别感动。康冯晓同学报名长跑三千米。我很了解我的学生,他是一个爱出风头的孩子,自己的朋友圈子也是一群整天胡闹的家伙。因为对自己体力分配不够科学,比赛开始阶段发力太猛导致后半段体力透支。我就站在跑道一旁,在我担心他会因为体力不支而不能坚持到最后时,他还是跌跌撞撞地到达了终点。在到达终点的那一刻,他再也坚持不住了。回到班里,康冯晓并没有居功自傲,而是深深鞠了一躬,告诉大家:"我没有很好地完成任务,对不住大家了。"这可能是孩子一时兴起,或是仅仅为了挽回一点儿颜面。但我看到了他对班集体的重视,看到了他在意别人眼中的自己。只要能这样想,这个孩子的本性就是好的。班级还有哪个学生不是好学生呢?

这一学期我们还参加了由年级组组织的合唱比赛。该活动在同学们的努力下,取得了令人满意的成绩。每一次活动的实施都能体现出学生的能力、责任心。当然,活动实施过程本身也是对学生的一次历练。在这里我有一个反思:绝大部分学生是很乐意参加活动的,因为这样可以暂时放下学习。但要让这部分学生真正去活动时,其实他们也是不专心的。一个没有荣誉感、凝聚力的班级,在遇到这样的活动时是很危险的,这样会乱了同学们的心智,学生在活动之后也会变得更加心浮气躁,不能平心静气。组织活动是一个检验、增强班级凝聚力的好时机。要想在活动中能有好的成绩,辛苦付出是不可避免的,而真的付出并有回报之后学生又会感觉到班集体的伟大,同时还会体会到:既然这样的活动我们能做好,那么我们的学习也一定不会差。

有一个不得不说的活动就是家委会的运营。家委会对很多人来说是一个新的课题。从家委会的组建,家委会的运转,家委会作用的评估,到家委会的改进,我都做了一些尝试。目前家委会的作用仅仅体现了一小部分,而且也仅仅是对部分同学起作用。目前我所做的主要是安排家长参加晚自习,和学生共同在教室学习,观察学生的学习状态。家长对学校加深了了解,班主任也从家长那里了解了学生更多的情况。除此之外,我想还应该有更多家校沟通的方式,诸如班主任家长定期的电话交流,班级家长 QQ 群、博客等。很多学生反感班主任和家长沟通,其实是怕班主任在家长面前告状。这点忧虑在段老班面前是多余的,不到万不得已,我不会与家长"串通一气",如果真的有所交流,也一定是抓住点滴机会了解孩子的更多情况,以便因材施教。

为带领同学们在考试中找回自信,我努力搜寻着导致成绩较差的原因,并采取切实可行的解决措施。我感觉问题出现在三方面:一是作为文科生,知识点背诵不够,仅仅靠残存着的课上的一点记忆来做题、考试;二是作业不规范,上交不及时,而且质量很成问题,抄袭现象严重,自习时间利用不合理;三是心浮气躁,静不下心来学习,学习目标不明确。面对这样的问题,我主要采取以下几项措施:一是增加背诵时间,早读首先起立背诵十分钟,驱走困神,晚点无论多忙、作业再多,也要拿出二十分钟时间背诵;二是针对自习不能很好利用、作业不能保质保量完成的问题,实行每天作业计划清单制度,找责任心强的王振莲同学负责,每天收缴一次,我都要批阅,好的计划清单张贴表扬;三是帮同学们确立短期目标,包括设立目标同学(在班内找一名成绩比自己好的同学作为目标)、设定班内目标名次、确立六个高考科目的目标分数,每个同学需要将这些目标写在粘贴纸上,并张贴于教室后墙,以供同学们相互监督、鼓励。

为了更好地激励学生,我在某天夜里睡觉之前突发灵感,可以设立一个类似国家最高科技奖的班级奖励,于是立即起身将所想所思敲击成文字,日后加以完善,取名"风雨彩虹"奖学基金。我觉得这是一个很好的灵感。

如果说对这个学期班级生活有什么遗憾的话,就是我记录的学生的足迹不够多,这或许是缺乏意识的原因吧。有些问题在出现时也的确有过思考,灵感也的确光临过,但我没有把它记录下来形成文字慢慢品味。虽然做教师已经七年有余,但是有很多事情还没有体验过,比如组织学生户外春游,比如家访。班级的很多工作还不够细致,比如值日生制度,比如住宿学生的纪律、卫生管理,比如班主任助理的落实。有些工作还可以改进,比如课代表做的工作还可以更有意义,而不是简单机械地收发作业。

我很喜欢学生给我提的建议。有相当一部分学生很不乐意我和家长沟通,这点我是不接受的,当然在和家长沟通的内容上、方式上,我可以改进。最喜欢学生提的三条建议：一是多和学生沟通，多和不善言辞的学生交流；二是多进教室转转，多了解下课后及老师不在时学生的状态；三是对班级管理应该更严格。我觉得这些意见都很好，可能这是学生最需要我做而我平时却忽略了的。我想，学生需要的事情就是我应该先去做的事情，今后的工作中务必注意这一点。

有遗憾或许不是坏事，这可以促使我们在将来做得更好。

我相信，通过大家的细心经营，29 班这个大家庭一定能开出胜利之花！

创新, 让教育更美好

——将普通工作做到极致就是创新

长期从事某一工作难免产生职业倦怠, 教育教学工作也不例外。从教 9 年来, 我的教育工作轨迹走过了初期的新奇、适应后的平淡、后期的倦怠, 而我现在似乎才找到了教育的乐趣所在。当重新审视教育工作时, 我发现, 自己其实一直徘徊在大门之外, 竟未领会到教育的真谛, 也不曾领略到教育带给我们的快乐。如何才能真正领会到教育的快乐呢? 唯有创新, 创新才是教育工作顺利推进的不竭动力。

创新并非"高大上", 普通的事情也能做出创新。其实, 教育中的创新可以发生在任何一个环节。能够把小事情做到极致便是一种创新, 能够把同样的事情用不同的方法取得更好的效果, 不重复昨天的故事也是创新。我在教育工作中的创新主要体现在个人工作方式方法的创新、教学管理方面的创新及课堂学科教学方面的创新。

一、创新工作方法, 永葆教育活力

一次期中考试, 学生考得一塌糊涂, 这样的结果让我很难接受。情急之下, 我阅读了魏书生老师的《班主任工作漫谈》, 因为带着明确的问题去读书, 所以收获颇丰。我并没有太在意这次考试失利的原因, 而是寻找了三个应对方法。在接下来的日子里, 孩子们学得很带劲, 最终的效果也很不错, 但是我并没有就此把书放下, 因为我发现了一座教育的宝藏, 那就是书, 此前除专业类书籍几乎很少看书的我, 着了迷一般沉浸到阅读的海洋当中。我每天给自己制订一万字的读书计划, 有时读到深处, 情不自禁地看到很晚。读完之后有时候感觉获益匪浅, 就借着兴奋劲儿把自己的 收获记录成文字, 有时候不认同作者的观点, 就把自己的想法写出来, 有时发现一些小的闪光点, 就记录在书的旁边, 所以我看过的书都留下了思维痕迹。我喜欢精读, 而不喜欢快餐式的快速浏览。久而久之, 读书、写作成为我教学之外雷打不动的事情。

每天至少阅读 1 万字, 至少写作 1 000 字, 这是我对自己的要求, 也是一直以来坚持不懈的事情。到目前为止, 阅读过教育教学类、管理类、亲子教育类书籍、杂志 200 余册, 超过 2 500 万字。我每个季度都会在网上购书, 每个月雷打不动地精读三份杂志:《班主任》《班主任之友》《中学地理教学参考》。到目前为止, 撰写教育随笔、教学反思、教育叙事等各类文章近 600 篇, 近 70 万字, 均记录在我的教育博客"风雨彩虹"(搜狐博客)。整理之后感动于自己的付出, 我还会一直坚持下去, 在教育的世界里开辟属于自己的一份天地, 如图 5-3 所示为师生交流阅读。

阅读、写作是我提高自己的方式。如何才能让这一股清泉成为生命之水, 源远流长、

经久不息呢？还得和教育实际相联系，也就是和学生、教学相联系，从与学生的交往中寻找写作素材，从学科教学的深度上去做研究。

二、创新教学管理，对生命成长负责

在阅读过程中，比如我受李镇西老师制作班级报纸的启发，开发出了自己班级的班级日记。因为高中学生学习时间紧，学习压力大，尤其高三的学生更是如此，于是让学生轮流撰写，虽内容、体裁、字数不限，但同学们的文字里充满了正能量。几个学期下来，我已经积累了好多本班级日记。学生虽已毕业多时，我拿出这些宝贵的资料重新阅读时，往事依然历历在目。在暑假期间布置作业，撰写学期自传，让每个同学结合自己的实际写一篇不少于 2 000 字的文章，回忆一个学期以来的点点滴滴，最后编辑成册，《时间都去哪了》这本班级学期自传就这样问世了。同学们捧着印有自己文章的小册子时，兴奋地说："老师，千万别让其他班偷学

图 5-3　师生交流阅读

我们的做法。"我说："放心，我们只会被模仿，绝不会被超越。"因为我心里知道，同样的事情我绝不会重复同样的方法，我有的是新方法。

我借鉴陈宇老师撰写班级博客的案例，在我的教育博客上开辟了一个栏目——高三战地日记。该栏目记录了我与 2012 级学生高三期间并肩作战、共同应对高三生活的点点滴滴，现在读起来依然热血沸腾，仿佛回到了那个没有硝烟的"战争年代"。

针对学生们学习无计划，不会合理利用时间的问题，我帮助学生们建立了计划本。每天将需要做的事情记录在本子上，列好需要多长时间完成，按时完成并评价完成效果，这一方法经过了多次改进。为了培养同学的自信心，我们尝试着在计划本上写出自己的近期目标，每天写一句鼓励自己的话。为了更好地实现师生交流，同学们可以把自己的问题、自己的心里话写在小本上，小本不定期上交，这样更有利于班主任针对性地开展工作。学生们高兴地称计划本为"心灵小本"。

我针对班级学生寒假接收家长红包，过后花钱大手大脚的问题，建立了旨在鼓励学生学习的"风雨彩虹奖学基金"活动，每次遇到重大考试，都会针对不同目的设置不同的奖励项目，效果非常好。高三的学生压力很大，而高三班主任大多采用和学生谈话的方式去试图解决问题。这种方式会占用学生宝贵的时间，多次使用也不会取得好的效果，为此，我采用给学生写信、组织学生活动和召开方式特别的家长会等来引导孩子向着好的方向发展。过后我整理成文字，写成论文《陪学生一同走过高三——高三学生常见心理问题总结、原因分析及解决初探》，并被 2015 年山东省心理健康教育研究会召开的"学校心理健康教育特色建设"学术年会评为优秀成果二等奖。

三、创新课堂教学,培养学科素养

当今社会的需求在悄然发生变化,随着教学理念的不断更新,传统的"我讲你听"的教学方式已经不能适应需要,教学改革势在必行。我积极投身到学校大背景下的教学改革当中,为此在我的教育博客中开设了课改专栏,目前积累相关文章几十余篇,包括各种课型的模板、课改初期阶段的问题、问题改进措施的探索及效果等内容,更多的是利用课改模式记录上课之后的教学反思。这些工作让我获益匪浅,在课改过程中,我最得心应手的是习题讲评课。在 2015 年年初,我代表学校在滨州市高三地理研讨会上执教了针对期末考试卷的试卷讲评课,并得到与会老师的高度赞同。在接下来的备课会中,我针对课改做了专题发言。

我深知,教育灵感随时都会闪现,如果不做一个有心人,这些好的闪光点可能一闪而过,于是我努力把这些想法写成文字,并整理成论文,能够发表当然最好不过了。论文能很好地解决一个点的问题,而要解决一个系统问题,还需要进行课题研究,为此我参与了多个课题研究。

创新,改变我们的行走方法。正是创新,让我一点点进步。相信在创新中做教育将会是一个大有可为并能够收获一生幸福的事业。

高考不是终点,而是起点
——写给即将开启人生新旅程的孩子们

高考已经结束了,分数早已揭晓,各位同学忙着填报志愿,有的学生已经收到了录取通知书,一直以来都想和同学们说几句话,苦于心里有话说不出,所以一直没有下笔成文。今天出发去济南,闲来无事,于是想着说些什么。

首先我想跟孩子们道个歉,为我之前的一些话道歉,倒不是因为哪句话伤害了大家,而是因为欺骗了大家。我可能有意无意地一直在说,等你们高考完了,上了大学,你们也就解放了,现在(高中)多拿出时间来学习,想玩儿就等到大学吧,大学期间有足够的时间让你玩儿,你想怎么玩儿就怎么玩儿,想玩儿什么就玩儿什么,再不会有这样那样的规章制度约束自己,再没有一个人像老班这样时时处处盯着你们,处于全程监控之下,那将是彻底的解放。

这些话是错的,是谎言。那只是那个阶段鼓励同学们为终点的到来加油鼓劲。高考仅仅是人生中的一次成人礼,过了高考,我们真正地长大了,明白了更多的道理,其实,高考的结束意味着人生道路才真正启航。

高考只是某一个阶段的终点,更重要的是它将开启人生新的篇章。我们的人生路不是从此定型,而是刚刚开始。在孩子们毕业后离我远去的日子里,我并没有太多的伤感,更多的是真心地高兴,我为同学们能够顺利进入下一个人生阶段而感到高兴。如图5-4所示为追梦的毕业生。

图5-4　追梦的毕业生

几乎每年都有这样的学生,认为自己是发挥失常,才考了这样一个分数,才考进一个不能令自己满意的大学,颇有几分不甘心。再去看其他同学,有些平时远没有自己优秀的同学,反而被更优秀的学校录取,更是悲叹命运不公。

对此我想说,成绩不论是高了还是低了,都是你高中三年辛苦付出的结果。高考作为人生的大考,每一个学生都是全力以赴的,成绩是知识储备、考试心态、身体状况等诸多要素全方位立体化的反映。我们只要思考一个问题,外在因素都是一样的,为什么失常就单单发生在我们的身上呢?很多时候,结果看似偶然,其实是必然。性格决定命运,任何结果,都是你应得的。

有些同学可能分数不高、成绩不好、大学不理想,不要紧,没有人会在人生路还没有开始的时候就宣布失败的。无论怎样一个分数,都是我们辛苦努力的结果,对于这个结果,纵然有无数多的不公平,我们都不必太在意。

如果你真有实力,在当下的学校,你也同样能成才。我担心的是,你会以怨天尤人的态度去走过人生最重要的大学生涯,那将是最大的失败。

纵观古今中外、各行各业,没有哪一个成大事者是一帆风顺的。要想有所作为,必须经历一些风浪。如果你因少考几分去了一所相对弱一点儿的学校,这样的关口都过不了,你的理想和希望就会离你远去,并且你将无法得到现实环境中的有力支持。

曾听一个家长和我介绍,说孩子填报志愿的时候,故意填略差一点儿的学校,想享受被人欣赏、膜拜的快乐。结果,孩子叹息着说"过于乐观了"。明白我的意思吗?有人的地方,就是江湖,江湖从来不缺高手啊,更何况强中更有强中手。我承认,你的有些同学,目前录取的学校比你好,但我还想提醒你,这只是暂时的,一切并没有成定局。

有些学生总以为考进大学就万事大吉,经历了高考的磨炼,可以适当放松一下,这种想法大错特错。学习是细水长流的工作,而非三天打鱼两天晒网能成的。

恕我多嘴,即使上了大学,也不是你游戏人生的开始,而是学习的真正起点。"上大学你们就自由了",诸如此类的想法,我之前也不止一次地说过,但这都是不负责任的。学习成长是一辈子的事情。如今这个时代,知识日新月异,学校里学的那点儿知识,怎么可能够你用一辈子?

你和你的同学,起始成绩相差不大,大学也不分伯仲,但四年之后你们之间也许就存在着天壤之别。这是如何悄然发生的呢?四年的差别,决定性因素是非智力因素,成熟理性的孩子机会更多。

扬子在《十八岁和其他》一文中写道:"十八岁使我想起初长彩羽、引吭试啼的小公鸡,使我想起翅膀甫健、开始翱翔于天空的幼鹰。"亲爱的同学们,你们正是那一群翅膀甫健的雏鹰,大学校园就是你们挥洒青春的舞台。今后的人生,老班将与你们同在,老师将与你们同行,我期待你们精彩的表现。

看轻分数,看重未来。有的人赢得了高考,未必赢得了人生。我希望29班的所有同学都能够赢得人生。祝你们有一个幸福有成的黄金四年,对自己,对自己的人生,对自己的理想有一个承诺和交代。

家长只关心成绩，怎么办？

家长关心孩子的学习成绩，无可厚非，本不是问题。但如果家长过分看重成绩，眼里只有成绩，对学生的其他方面从来不管不问或是对学生在其他方面出现的问题视而不见，那可能就有问题了。

一、原因分析

家长只关心孩子的学习成绩这一现象，与家庭、家长、学校、教师、学生等多个因素有关。

家长之所以看重成绩，与大部分家庭只有一个孩子有关。家里只有一个孩子，所有的资源、精力及家长的期望都集中于这一个孩子身上，孩子成功了就代表家长教育投资百分之百地成功，如果孩子失败了就代表家长百分之百地失败，所以容不得孩子失败。

家长过分看重孩子的分数，也是受一些身边人心浮躁这种风气影响。很多家长就认为，只要孩子分数高就是成功，只要孩子能进入重点高中、考上名牌大学就是成功，至于其他，即使做得再好，考不上好学校也是失败。这是典型的重视结果不关注过程的做法。很多人认为结果重于过程，只要结果不如意，即使过程再精彩，也是无济于事。其实这是急功近利的一个表现。

这一问题的产生也与学校有关。家长有自己的工作，而学生在学校的时间比在家里多得多，家长的活动轨迹和学生在学校的学习轨迹本是没有交集的。倘若学校的开放程度不够，对外宣传工作不到位，家长对学生在学校里的活动了解甚少，久而久之，家长也就只会问问孩子的学习成绩而已。如图5-5所示为认真学习的学生。

图5-5 认真学习的学生

另外一个原因是,教师尤其是班主任与学生家长的沟通交流不多。家长与班主任交流的主动性不强,而假如学生不出现重大违纪问题,班主任也一般无事不登三宝殿。除次数不多的几次家长会,班主任和家长很少有机会面对面沟通、交流,仅有的时间短暂的交流自然落在双方认为最重要的方面——学习成绩上。

孩子与家长沟通交流存在障碍也是造成该问题的原因之一。尤其是初中高年级及高中学生,处在青春叛逆期的他们很不愿意与家长交流,特别是当孩子成绩不能让父母满意而家长总是抓住不放时,孩子更不愿与家长沟通。家长越是为孩子的成绩发愁,越是只重视孩子的学习成绩,最终越会忽视了孩子的全面发展。

二、利弊分析

只关注孩子的成绩,这一大多数家长的做法可以是孩子努力学习的动力。在和孩子们谈心时很多孩子能够感受到家长的殷切期望,在没有长远目标作为长久动力支撑时,家长的关注会暂时成为孩子努力学习的动力所在。

然而,大多数家长的这种做法却是弊大于利。

家长的过分关注无形中加大了学生的压力,尤其是当孩子的成绩暂时落后,家长过度地不依不饶反而会扰乱学生本就不能平静的心。如果家长不能客观地去看待孩子的成绩,不能平静地帮其找出症结所在,不能采取合理措施来解决问题,而仅仅一味埋怨时,学生将会感到无助,这样会增加孩子与家长之间的隔阂,甚至会使父母与孩子产生矛盾,造成关系紧张。家长只关注成绩的另一个弊端是会使得孩子将所有精力集中于学习,两耳不闻窗外事,一心只读"圣贤书",造成学生唯分数论。只要成绩好,那孩子就是成功的,孩子就会"自信满满";当成绩不好而其他方面再好,由于家长甚至是老师不在乎,孩子也便没有了自信。我们有时候也会听到家长埋怨自己的孩子,除了学习不好干什么都好。其实这是我们对教育本质的理解进入了误区。

唯成绩论好坏导致孩子畸形发展,综合素质差。我们培养孩子的最终结果是等孩子成年后把孩子推向社会,孩子能否生存好。当社会不再只看分数时,学生会感觉不适应。而我们培养了十几年的孩子走向社会却不适应社会时,无疑我们的教育是失败的。

三、解决措施

如何解决这一问题呢?我进行了一些尝试。

班级文化建设吸引家长参与。班主任应该有这样的意识,很多时候并不仅仅是家长只重视成绩,教师也是只看重成绩。有这样的教育思维,教师在教育过程中必然会走偏路。学校、教师应该注重学生的全面发展。作为教师,尤其是班主任,有责任将班级打造成一个文化圣地,用积极向上的文化填充教室每一个角落。我把军训时学生的飒爽英姿,运动会上学生一马当先,合唱比赛中学生的整齐划一用镜头记录下来,冲洗成照片张贴于教室后墙的板报上;我将孩子们分小组制作的诸如以节俭为主题、以感恩父母为主题的手抄报张贴在班级的文化走廊上;我将学生写的富有诗情画意、饱满深情的文章打印出来,张贴在黑板旁的文化栏里;我将学生在班级建设中所担任的职务张贴于通报栏,将班级日常生活中的好人好事制作成"闪光台"供大家欣赏,用来传递正能量。开家长会时,我先组织家长参观教室,感受学生在学校生活的充实、丰富。当发现自己的孩子在学校的闪光点时,家长也会非常欣喜、兴奋甚至惊讶于孩子的多才多艺。同样,我也借家长会这一宝贵机会向家长阐述孩子全面发展的重要性。

班级组织更多活动,让家长有更多机会参与到活动中来,使家长见证孩子的成长历程。例如,利用周末、晚上等学生在家的时间里,让家长参与到学生的学习过程中来。当下社会阅读的风气并非十分浓厚,我们组织了一些家校读书活动,诸如书香校园、书香家庭的建设,实施亲子共读等。这样既增加了家长的知识储备,丰富了家长的精神生活,又为孩子创造了一个学习氛围浓厚的家庭环境,可谓一举多得。例如,在春暖花开的时节,我们可以邀请部分家长与学生共同体验校外活动——春游。家长不但能够在线路选择方面给学生建议,还能够给学生的安全提供保障。在活动的互动交流中,让家长捕捉孩子们的闪光点,让家长体会到孩子们在没有被作业、成绩绑架的大自然的怀抱里是多么欢乐雀跃。还可以利用家委会这一组织,让有条件、有意愿的家长体验孩子们的学习过程,诸如听课、考试等环节,而不仅仅是到最后只给家长一个冷冰冰的分数。

有心的班主任还可以利用更多的渠道实现家校的更多联接,比如成立由家长、任课教师、班主任组成的 QQ 交流群,建立班级博客。班主任可以借助这些平台,将学生生活中的点滴以照片、文字的形式展示出来,让不能参加学校活动的家长也能及时了解孩子的在校状况。班主任可组织相应班委及时更新内容。

在我的班级建设中,还有些项目也可以让家长参与进来,如撰写班级日志和学期自传。每个学期结束之后,让学生撰写学期自传,通过学生评议,将非常优秀的学期自传和平时撰写的班级日志整理之后编辑成册、印刷,学生人手一份,作为礼物也送给家长一份。学生不但欣喜于自己写出来的文字变成了铅字,家长也乐意阅读,爱不释手。班主任还可以自己亲自为学生写教育日记,及时发表在班级博客中,供家长了解学校情况。

相信,只要能用真诚打动家长,晓之以理,动之以情,我们一定能为孩子创造一个适合的成长环境。

汇聚向上的力量
——关于优质资源库建立及使用的思考

在近期的外出学习交流汇报会上，校长讲到了学校先进教学经验如何传承、共享的问题，讲得很实在。我校的教学成绩优异，这与每位教师的辛勤努力分不开，取得这些成绩的同时，我们也积累了一些培养优秀学生、转化后进学生，如何教学、如何考试的经验，当然也有一些失败事件带来的教训，应当说，这是一笔宝贵的资源。但是这些宝贵的资源我们却无法发挥其最大作用，甚至是眼睁睁地看着这些资源被搁置而束手无策，原因是大家"各自为战"，相互间的交流沟通，尤其是教学资源、教学经验的交流少之又少。今年考得好，但这部分教师下一年教高一，新的高三教师几乎需要重新摸索一套新的经验，重新付出巨大的努力，几乎要重新走一遍老高三教师走过的路，而等到老高三教师再次轮到教高三的时候，上一周期积累的材料、经验要么丢得差不多了，要么已经不适合当前的高三教学。高一、高二的教学管理面临着同样的问题。如图5-6所示为办公室里积累的学习资料。

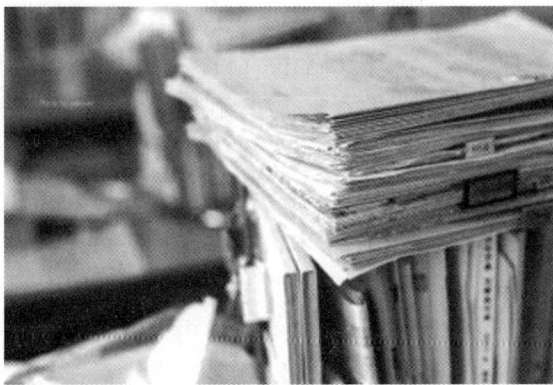

图5-6　学习资料

各学科组教师自身也面临着这样的问题，每个教师都储备着一定的教学资源，比如教学设计、考试试题，但每个教师都不敢称自己的资源是最全的、最优的。有可能存在这种情况：一个教师为了讲一节课利用各种渠道找资料，而恰恰某位教师的电脑里有这一份资料，此时又用不着，也不知道谁要用，于是将其尘封。想用的找不到，有资源的教师又用不着，这便是没有将资源利用最大化。

如何让这种宝贵的资源不被搁置，发挥其最大作用，其实就是一个跨年级传承、交流、共享的问题。

我觉得以学校为单位，建立一个资源储备库就可以解决这一问题。

资源储备库包括教学学科资源、教学经验资源、班级管理资源、教学管理思路，等等。

一、教学学科资源

教学学科资源可以包括教学设计、课件、学案、教学反思、练习题、阶段性检测等。集中各位教师现有的资源，放在储备库中，以后可以不断地完善、优化。把每个教师现有的资源整合，为了鼓励大家积极参与这一庞大工程建设，需有必要的物质奖励，教师的劳动要得到承认。建立学科负责人，将各个资源，按照章节、内容分类整理，并严格把关每个资源的质量，只要有利用价值的就予以奖励。自己原创、网上搜集到的，外出开会带回来的，根据资源的价值大小、提供者付出的多少予以分档奖励。只要是在资源库建立初期及后续完善过程中做出贡献的教师其劳动都应该被认可，而且也可以根据老师提供的资源在后续应用过程中发挥作用的多少给予奖励，你提供的资源被大家采用一次，就会有一次体现。资源库建立的好坏及作用能否发挥到最大，取决于教师们的积极性，物质的奖励只是一方面，学校也可以在精神层面予以奖励，为学校资源库添加一份资料与为学校增砖添瓦没有什么区别，只是一个是有形的贡献，一个是无形的贡献。比如可以设置"功勋卓越奖"，奖励贡献大的教师，不但设置这个奖，还要让学校的每一位师生、关心学校发展的每一个人都知道这个教师的贡献，让大家去认可。李希贵老师在担任高密四中校长时就用了这一办法，在他的管理体系中，为资源库做出贡献的老师在职称评定中都有所体现，所以教师们很重视。

之前也有类似的管理，但是大家懒得上传资料，因为上传和不上传一个样，传了没什么表示，不传也不吃亏，正因为上传的资料很少，利用价值不大，当用到资料时也想不到这一平台，人们也就不指望这块地打粮食，久而久之形成了一个恶性循环。这种情况下资源库也就成了一个可有可无的摆设。

其实教学内容就是那么多，我们每年都会收集到一些资料，但是仅靠一个人不可能收集到所有资料，即使某个人资料全，其他老师也很难充分利用。教师个人保存资料的缺点还在于不会合理分类，有时候自己明明有一个相关资料，用到的时候却不知道放到哪里去了。或者有的老师的电脑突然出现故障，怎么也修不好，自己保存的资源全部丢失，找不到了。

有了这一资源库，我们的教学会省时省力得多，我们不但不会走弯路，而且只会日益趋于完美。比如冯燕老师9月份参加山东省的优质课评选活动，借助参赛教师的身份，冯老师把三十多个参赛教师的课件、教学设计、学案通通收集到了一起。这些参加省优质课的资料都是每个教师费了很大心血做出来的，包括地理学科中世界地理、中国地理的全部内容，而且每一节课都有两个案例，这么宝贵的资源可以省去我们很大的力气，而且效果更好。

当我们再讲这一部分内容的时候，我们可以直接拿过来，根据教师自己的特点、认识与学生情况重新整合就可以,相信课堂效果也不错。冯老师把资料拿来之后,只是我们一个办公室的教师在相互传阅,高一高二的教师如果不知道这一消息,或是因为不方便,就很少有这一现成的资源。如果放在学校资源库,可能就不一样了。比如,10 月份丁慧老师参加教学能手评选,自己精心设计了两节课,而且其他县市部分教师讲得也很好,我们也拷贝过来了,这就是资源。

比如,我们参加潍坊高三一轮备课会,观摩了四节课,一套试题和三节课的全部资源我们也费尽周折全部搜集到了。相信不会经过太长时间,我们的资源库就会非常强大。

再比如,高三阶段尤其是下学期要检测多次,每次的检测题就是很好的题目,上一届用过了,而且还附有阅卷反馈、存在问题、改进方案,我们岂不是站在前人的肩膀上看得更远了?我们的激励机制足可以让教师把这些细节做好。

二、教学管理经验

在潍坊之行的汇报会上,教师们讲得都很好,但是不是今年取得的这些经验明年就没用了,还需要再次学习,再重新整理认识一次呢?今年学来的经验明年还有用,明年高三的教师拿过来分析,自然也会收获不少。我自己也有一个感觉:一些经典的教学理念、教学规律、教学误区随着时间的推移,我们的记忆不深了。如果还有必要再去学习一次的话,我们就去学习不一样的东西,去学习新东西,当我们觉得没什么新东西可学,甚至还不如我们的经验好时,我们也就超出了对方的实力,到那时恐怕就是别人来向我们取经了。类似的教学模式探索、班级管理模式等,都可以作为资源、资料整理保存起来。

尖子生的培养一直是学校的老大难问题,有成功经验的教师也可以就尖子生培养献计献策,提出经验教训,这为下一年级提供了方向,也提出了改进措施。前几级学生毕业后,主任在聊天时就说,考前备考时犯了一个大错误,语文的目标定低了,当时定的目标是 130 分,从考后学生的分数及考上北大清华的学生成绩来看,应该定在 135 分。当时定低了,这就是经验教训,这是用代价换来的,这不就为后来的年级探出了路吗?

另外还有班级管理的问题,都可以积累经验并做到最大范围的分享,分享本身就是资源的最大化再利用。

资源储备库的建设是一项巨大工程,没有学校的推动,没有一套完备的方案,是不可能成功的。在运作之前需要把可能出现的问题都考虑清楚,以防措手不及。在实施过程中,也可能会有意想不到的情况发生,但是只要大家都去思考,一定能想出好办法的。

写作与教育

——我的心路历程

教育写作走进我的生活始于三年之前,当时,我看到这样一则消息:2002 年 6 月 26 日,苏州大学教授、新教育倡导者朱永新老师提出成立"成功保险公司",从事教育的教师们只要每日三省吾身,写千字文一篇,将一天所见、所闻、所读、所思写成文字,十年后将写成 3 650 篇(计 365 万字),十年之后必定成为教育专家,如若不成,愿意赔偿十倍的保险金。这对我感触很深,六七年来自己也很勤奋,每天的付出也很多,但回首自己的教育之路,发现并没有留下多少痕迹,于是我开始每天坚持写教育随笔,我的目的并不是要成为什么专家、名家,而只是让自己的教育之路留有一些痕迹,为多年之后留一些回味。

因为在班级管理过程中总会出现这样那样的问题,也就不缺乏写作素材。开始写的东西多以读书笔记为主,在每天的空闲时间,我总会拿一本教育名家的专著来读,从中感受教育家是怎么来做教育的。书中不乏一些精美语句,于是我一边读一边圈画,有时读着读着突然灵光一闪,针对书中的观点产生了赞同或是不赞同的想法,于是又在旁边做一些批注,等我把整本书读完后再慢慢咀嚼其中的精华、剖析其中的疑问,然后就静下心来整理成文字,做读书笔记。这些读书笔记成了我后来不断创新工作方法的源泉所在。

慢慢地,我发现读书笔记里属于自己的东西太少,于是又开始将自己在教学、管理中的得与失也写成文字。

班里有个女孩性格非常内向,不愿参加集体活动,学习成绩也一直较差,我虽有心却不知如何寻找突破口。我尝试着谈心,但是几次下来基本都是我在说,孩子在听,偶尔会有一两个字的呼应,我感觉到,这种谈话根本没有深入学生心灵深处。苦思冥想之后,我决定家访,虽然成为老师已七年有余,但是家访却从来没有过,我进行了详细的准备,包括选择家访的时间、我的衣着、提前和家长沟通、家访时谈哪些话题、怎么去鼓励孩子。由于事前的反复思考、准备充分,这次家访非常成功,它给孩子带来的教育效果也非常明显,孩子在家访前后的变化远超出我的预料。针对这样的一个教育过程,我连写两篇文章。第一篇文章,我把这次家访当作一次教育案例,详细地记录了家访的前前后后,写完之后依然意犹未尽,在进一步思考之后,我又总结写了《如何更好地进行家访》。每每看到这两篇文章,我就会回想起第一次家访的激动与忐忑。

有一次,作为班主任,我因学科作业收不齐而与小 X 发生冲突。小 X 当时非常气愤,事后也给我发短信,质问我,后来的班级活动中小 X 也都会故意与我对抗,有时我想找小 X 谈一谈,但是得到的都是冷漠的眼神,可以用视我为无物来形容。我在思考之后,决定给小 X 写封信,在信里,我详细叙说了那次事件的初衷,做了真诚的道歉,并对她的这种对抗情绪设身处地地从他自己的角度讲了危害,希望结束这种对峙。当我把两千多字的信交给小 X 时,看到的是她的惊讶。两天之后,我得到了小 X 真诚的道歉、忏悔。此后,小 X 恢复了原来的乐观开朗,更积极地为班级服务,也更认可我这个班主任了。

为了方便教师工作,学校提供了免费早餐的福利,在每次的早餐时间里,教师们齐聚一堂,大有聚餐的阵势,这段时间是教师们最放松、最热闹的时光。在一次吃饭间隙,我向身边的几个教学经验丰富的教师抛出了一个问题:对于高三高考复习,学生重教辅资料而轻教材,怎么看?两位教师不愧久经沙场,都提出了自己的真知灼见,我听后大受启发,越想越觉得这次的谈话内容很有价值,于是我匆匆赶到办公室,用两个小时的时间总结整理了一篇文章——《论高三复习教辅资料与教材的关系》,写这些东西并不是为了发表,但是它对我的教育教学起到了举足轻重的作用。

还有一次,学校领导提出供全校教师思考的问题:如何开发利用学校里不同级部的优秀教学经验、教学资源?这一问题我当时并没有好的想法,但却一直惦记着。后来我读了教育改革家李希贵老师的著作《学生第二》,开始有了一些想法。之后学校邀请教研专家到校做报告,一个专家的发言让我茅塞顿开,加上之前的想法,我对这一问题的思考愈发成熟。晚上躺在床上辗转反侧,脑海里总是浮现这些思考,怎么也无法入睡,最后干脆不睡了,打开电脑将这些想法敲击成文字。两个小时的时间匆匆而过,最后一瞥,发现自己已经写了四千多字。

当别人在谈论电视剧,刷手机视频,忙于应酬的时候,我总是欣喜于自己的爱好——写作。略一总结,发现属于自己的文字已有七十余万字。当然,这只是一个开始,远没有结束。

说起我的写作故事,总有说不完的话。

以研究的姿态行走在班主任之路上

——阅读、写作与班级管理①

各位老师，大家好！有人说："报告会或者是论坛就是一群人帮一个人完成任务"。我觉得这句话挺对。从这个角度讲，我很感谢今晚帮我完成任务的老师们，如果大家对我的观点有一点儿赞同，或者是我的报告能给大家带来一点儿帮助，我将不胜荣幸。

我以回顾我的班主任历程阐述我对班主任工作的理解。

一、初期：坎坷、迷茫、自责

我 2007 年参加工作，第一年便承担班主任工作，那时候的学生素质相比现在要差一些，开学第一天就打架斗殴、吸烟，甚至勒索等校园欺凌事件也时有发生。我既没有管理经验，又没有教学经验，两头疲于应付，这一时期我的班主任工作是极其失败的，这也是我为什么不赞同年轻老师第一年就当班主任的原因，除非能力特别强。后来我不断总结这一时期的教训，写了好几篇文章，总结来就是和学生关系太近，导致处理事情丧失原则，不懂得借鉴学习，毫无章法。这些惨痛的教训成为我日后管理班级的重要财富。

在我的内心深处，一直感觉愧对我的第一批学生。我和这些学生的关系很好，很多现在还保持联系，和他们交流时话到深处总是感慨当时没有把他们管好，如果现在让我再当他们的班主任，一定能管理得更好。

二、蛰伏之后：一段激情燃烧的岁月

经过几年蛰伏，我再次披挂上阵。这次我多了几分从容、沉稳和淡定。我慢慢感觉班主任工作是一项大有可为并能够收获一生幸福的事业。因为在此之前的五六年里，凡是学校里组织的各级评选，从没有哪一个与我有关，优质课、教学能手、教坛新星甚至研讨会的公开课、发言等等，每每遇到此类活动的评选时，我连递交材料的勇气都没有，也没有递交材料的必要，因为我什么也没有。我重新审视自己是否适合站在讲台上讲课，能否成为一名合格的教师，我的教师生涯是否会一直行走在灰暗当中。学科教学这条路看来是走不通了，而我的工作总要有一个突破口。我发现，班级管理虽然没有那么多教育选秀的机会，但是这一工作却受到家长、学校、学生、同事等很多人的重视。

此时我阅读到苏州大学博士生导师，同时也是新教育的创始人朱永新教授在 2002 年就提过的"成功保险公司"。我在看到这则消息的时候已经是十年之后，当时受这一思

① 本文写于 2018 年，是为准备班主任论坛发言而做的发言稿。

想影响的人十年之间到底怎么样了呢？首先，能够坚持下来的人少之又少，人世间最难做到的两个字莫过于"坚持"二字；其次，坚持下来的人的的确确都成了专家一级的人物。我们身边的齐鲁名师、特级教师郑立平就是其中之一，这位老师曾在我校做过两次报告。

我开始大量接触班级管理工作的相关著作、报告会，学校订阅的《班主任》杂志每期必读，里面有什么好方法我都尝试应用到自己的班级，近几十年的著名班主任管理班级的思路方法等著作我都买来精读。老一辈班主任或教育工作者如魏书生、李镇西、李希贵的专著，新生代班主任如上海平和双语学校万玮撰写的《班主任兵法》、南京三中陈宇等老师的成名作、班主任系列著作我都买来仔细研读，撰写读书笔记。除此之外我还阅读一些更早时期的教育家论著，如陶行知。我一直在搜蔡元培先生的教育专著，到现在也没有找到，不知是什么原因。后来我又读了台湾图书《没有围墙的学校》，以及外国的教育论著，如苏霍姆林斯基的一些著作、皮亚杰的关于儿童心理学的书以及佐藤学的《静悄悄的革命》一书等。我不再局限于教育领域，涉猎到管理领域，如《信仰》等。凡是与教育有关的书籍我都买来读，如饥似渴。除了做笔记我还尝试应用。有些书上的方法直接拿来就用，无缝对接，有些稍加改变再应用到班里，有些是带着问题去读书，读着读着还没有读完就来了灵感，知道该怎么做了。

在此期间我读了很多书，班级管理的方法也因此不断推陈出新。比如，有一次期中考试，班里成绩较差，看到成绩之后我就一直在思索接下来该怎么办。带着如何激励学生提高成绩这个问题，我去读《班主任》杂志，读到一半我就酝酿了三个方法，马上记录下来，一一实施，效果很好。

前几年流行博客，我在搜狐网站上申请了名为"风雨彩虹"的教育博客，每天坚持至少写一千字，读一万字。学生高三这一年我开了一个专题，名为"高三战地日记"。从学生进入高三的日常活动说起，大到高考报名、体检、月考，以及最后的高考，小到一次迟到，我记录了学生的点点滴滴，同时也记录一些教学反思、教育教学思考。有一个特长生高三上学期整学期都在外学习特长，突然有一次在滨州举行比赛，邀请我去看比赛，回来之后我写了一篇文章《致敬所有的艺考生》，这类正面的文章我也同步发表在 QQ 空间上，这篇文章点击率近三百，其中一位已经考上大学的学生给我留言："我在大学的课堂上读着老师写的这篇文章，顿时泪流满面，这么多年来没有几个人能够理解我们艺考生的辛苦，谢谢老师的理解！"

暑假期间，我给学生布置了一项任务，撰写一篇学期自传，内容不限、字数不限，只要无错别字、无语病即可。学生们刚开始不愿意写，但写开了就刹不住车。开学回来后我编辑整理并找印刷厂印刷，在家长会前夕，我把这样一本汇集了他们自传的纪念册发给大家，同学们看到自己的文字都变成了铅字都非常兴奋。他们的自传上有些我给加了个有趣的副标题，有些我给配一张优美的图片，他们都爱不释手。更多的创意还需多阅读、多思考。当然，我也需要遇到很多问题，有问题才会有思考。我还是梦想出自己的一本专著，我知道这不只是一个梦。

每天我让一名同学写一篇班级日志，轮流撰写、字数不限、体裁不限、内容不限，可以是赞扬奉献,可以是痛批不文明行为。每学期我都能积累一大本厚厚的故事集,这些东西成为我最宝贵的财富。几年之后好多事情我都忘了,但是拿出来读一遍,又历历在目。如图 5-7 所示为师生交流的情景。

图 5-7　师生交流的情景

高考结束之后,我连续写了四篇经验总结文章,主要是记录之前的错误、教训,为避免今后在班级管理中再犯同样的错误。在那年的暑假里,我有充足的时间反思、思考,有充足的时间酝酿开学之后怎么管理新的班级,甚至连第一次见学生说些什么,开展哪些活动都反复斟酌。那是我为数不多地盼着快点开学的一次暑假,因为我有太多的想法想运用到新的班级管理工作中。

三、沉淀:为了更好地爆发

比较有趣的是,开学之后我换了年级,没有被安排班主任工作。在我最年富力强的时候怎么能贪图安逸?于是我找了各个能找的领导,最后依然不能改变结果,那段时间是我最痛苦的时候。我就想,为什么有老师不想当班主任而辞不掉,而我想当却当不上?哪怕给我一个最差的班也行,我一定能带好的。我的班主任研究工作也成了无源之水。现在想来我还是很感谢那两年的时光。一段时间的纠结之后,我把研究重心从班主任工作转向学科教学工作。也正是这两年,我在教学上取得了很多成绩,在省优质课、市说题比赛、命题比赛、课题、备课会公开课上等收获满满,由于我可以专注于高考研究和课堂研究,我的教学能力也大有提升。

四、起航:接受新的挑战

2017 年我再次当班主任之后有了诸多的不适应,事务性的工作太多,需要填的表太多。经过一个学期的调整,我现在基本适应了新的班主任角色。现在各大网站已经不再开设博客业务,人们转而开始关注手机微信公众号。于是我也申请了一个公众号,取名"我与七班的故事",并给自己规定每天发一篇文章。

阅读、写作让我获益匪浅，我将继续坚持下去。当然，我给自己定下原则：必须在保证班级成绩、教学成绩处于前列的情况下再去阅读、写作。

有人说教育是一场盛大的暗恋，一个人费尽心思去爱一群人，结果却只感动了自己！也有人说教育是一场苦恋，你费心爱的那一群人，总会离你而去。

教育行业里，班主任是距离学生最近的人，能近距离地观察他们的成长，记录他们的故事，同时丰富自己的学识。班主任工作是一个非常辛苦，但也是一个大有可为，并且能收获一生幸福的职业。教师不仅应该像蜡烛，照亮了别人燃尽了自己，还应在帮助学生成长的同时也实现教师自身的发展。

愿我的阅读、写作之路一直走下去！愿更多的人喜欢这条路！